con la mirada en
e l • f i n

con la mirada en
el•fin

Meditaciones

sobre el libro de

Apocalipsis

kendell easley

B&H
¡Español!

NASHVILLE, TENNESSEE

Con la mirada en el fin
© 2005 Kendell Easley
Publicado por Broadman & Holman
Nashville, Tennessee 37234
Todos los derechos reservados

Publicado originalmente con el título *Living with the End in Sight*
© 2002 Holman Bible Publishers
Nashville, Tennessee

Traducción al español: Belmonte Traductores

Tipografía de la edición castellana:
A&W Publishing Electronic Services, Inc.

Los pasajes bíblicos son de la Santa Biblia, Reina-Valera Revisión 1960
© 1960 Sociedades Bíblicas en América Latina.
Usados con permiso

ISBN-10: 0-8054-2849-6
ISBN-13: 978-8054-2849-0

Clasificación Decimal Dewey: 228.06
Temas: BIBLIA. N.T.—APOCALIPSIS\LITERATURA DEVOCIONAL\
FIN DEL MUNDO

Impreso en EE.UU.
1 2 3 4 5 09 08 07 06 05
EB

Índice

¿Cómo se imagina a Jesús?

A través de los siglos, los artistas cristianos no han podido evitar el impulso de retratar el aspecto físico de Jesús. A menudo, tal como era de esperar, los cuadros y las esculturas reflejan la cultura, la clase social y la identidad étnica del artista en lugar de reflejar a Jesús. Una de las representaciones americanas más populares del siglo XX lo retrata como una persona pálida, de aspecto escandinavo. Los cristianos africanos lo han representado como negro. Mi imagen favorita es la realizada por Rembrandt, uno de los grandes maestros holandeses, quien muestra a un joven judío de piel color verde oliva, que se limita a emerger en parte de entre las sombras.

Michael Green, en su libro *Who Is This Jesus?* [¿Quién es este Jesús?], incluye una sugerencia de cómo podría haber sido en realidad el aspecto físico de Jesús: "Él era judío palestino y, como tal, seguramente su piel fue de color verde oliva, sus ojos marrones y su nariz ganchuda. Los judíos palestinos tenían el cabello negro y por lo general lo llevaban largo y cuidadosamente arreglado. Daban valor a la barba, la cual aparece en muchas monedas de aquel tiempo. Jesús vestía una prenda de ropa interior sin mangas con un cinturón, el tradicional manto y las sandalias, y llevaba una vara en los viajes. Eso es lo único que sabemos sobre su aspecto o lo que podemos suponer sin temor a equivocarnos.

Sin embargo, la Biblia no tiene interés alguno en estas cosas. Parece estar profundamente desinteresada en la altura de Jesús, en el color de sus ojos y de su cabello, y aun en su edad y su fuerza. Estas señales externas no son importantes. El aspecto de los hombres es resultado de su carácter; y en este punto la Biblia es elocuente".

A medida, pues, que lea el libro de Apocalipsis, en lugar de estar tan interesado en la apariencia física de Jesús, céntrese en la visión simbólica de Jesús, comenzando justo aquí, en el primer capítulo. Considere lo siguiente:

- Sacará poco beneficio espiritual al apreciar que Jesús era judío palestino y, por lo tanto, probablemente tendría la piel de color verde oliva. Por el contrario, obtendrá gran beneficio espiritual al considerar que Él estaba en medio de las iglesias, presente para ayudar a su pueblo en momentos de necesidad.

- Sacará poco beneficio de especular con que Él probablemente tendría ojos de color marrón oscuro, pero será enriquecido al observar que su ropa y su cinto de oro simbolizan su papel como nuestro Sumo Sacerdote que está en lugar de nosotros delante de Dios en los cielos.

- Sacará poco beneficio de sugerir que Él probablemente tendría cabello largo y negro y llevara barba, pero será alentado al saber que sus cabellos blancos sugieren su total sabiduría y su conocimiento; que sus ojos como llama de fuego sugieren su presencia en todo lugar y en todo momento; y que sus pies refulgentes representan su incomparable poder.

El libro de Apocalipsis tal vez no pueda satisfacer su curiosidad acerca de la apariencia externa de Jesús, pero le da toda la esperanza y el aliento que necesita, al mostrarle a través de silenciosos y a la vez elocuentes símbolos quién es Él en realidad. Obsérvelo detenidamente. Y permanezca en actitud de reverencia ante lo que ve.

Oración

Señor Jesús, a medida que comienzo a estudiar el libro de Apocalipsis, ayúdame a verte de manera más clara. Te alabo como el Señor exaltado, presente ahora y para siempre entre tu pueblo.

Capítulo 1

Panorama

El Señor Jesús exaltado, camina espiritualmente entre sus iglesias, y da a Juan una revelación de sí mismo que afirma la certeza de su regreso glorioso.

¹ La revelación de Jesucristo, que Dios le dio, para manifestar a sus siervos las cosas que deben suceder pronto; y la declaró enviándola por medio de su ángel a su siervo Juan, ² que ha dado testimonio de la palabra de Dios, y del testimonio de Jesucristo, y de todas las cosas que ha visto. ³ Bienaventurado el que lee, y los que oyen las palabras de esta profecía, y **guardan las cosas en ella escritas**; porque **el tiempo está cerca**.

⁴ Juan, a las siete iglesias que están en Asia: Gracia y paz a vosotros, del que es y que era y que ha de venir, y de los siete espíritus que están delante de su trono; ⁵ y de Jesucristo el testigo fiel, el primogénito de los muertos, y el soberano de los reyes de la tierra. Al que nos amó, y nos lavó de nuestros pecados con su sangre, ⁶ y nos hizo **reyes y sacerdotes** para Dios, su Padre; a él sea gloria e imperio por los siglos de los siglos. Amén.

⁷ HE AQUÍ QUE VIENE CON LAS NUBES,
   Y TODO OJO LE VERÁ,
   Y LOS QUE LE TRASPASARON;
   Y TODOS LOS LINAJES DE LA TIERRA
   HARÁN LAMENTACIÓN POR ÉL. SÍ, AMÉN.

Palabras de vida

"guardan las cosas en ella escritas"

Apocalipsis trata más acerca de darnos la esperanza para soportar las dificultades que de "clavar la cola del anticristo".

"el tiempo está cerca"

Para Dios, mil años son como un día (2 Ped. 3:8). Por tanto, si estos acontecimientos no ocurren durante miles de años, seguirán siendo pronto en el libro de Dios.

"reyes y sacerdotes"

No es una clase de clero especializado. Se trata de usted y de cualquier otra persona que declare Señor a Cristo.

"tribulación"

Juan supone que la tribulación es la experiencia común de todos los creyentes.

"Hijo del Hombre"

Este es el título favorito de Jesús para nombrarse a sí mismo en el Evangelio de Juan. No hay duda de que Cristo es la persona que Juan ve en su visión.

"de la muerte y del Hades"

"Hades" nunca aparece sin "muerte" en Apocalipsis. Permanezca atento y espere que Jesús los destruya a ambos para siempre.

Palabra clave
"Todopoderoso"

El término griego *pantokrator* proviene de la palabra que significa *todo* (*pan*) y de la palabra usada para *poder* o *fuerza* (*kratos*). Este término, por tanto, significa *todo poder* o *toda fuerza*, y a menudo se traduce por *omnipotente*. Nueve de los diez usos de *pantokrator* en el Nuevo Testamento están en Apocalipsis, donde la palabra siempre se refiere a Dios el Padre. Su aparición en 1:8 es la única excepción posible, donde *pantokrator* podría referirse a Cristo.

[8]Yo soy el Alfa y la Omega, principio y fin, dice el Señor, el que es y que era y que ha de venir, el **Todopoderoso**.

[9]Yo Juan, vuestro hermano, y copartícipe vuestro en la **tribulación**, en el reino y en la paciencia de Jesucristo, estaba en la isla llamada Patmos, por causa de la palabra de Dios y el testimonio de Jesucristo. [10]Yo estaba en el Espíritu en el día del Señor, y oí detrás de mí una gran voz como de trompeta, [11]que decía: Yo soy el Alfa y la Omega, el primero y el último. Escribe en un libro lo que ves, y envíalo a las siete iglesias que están en Asia: a Éfeso, Esmirna, Pérgamo, Tiatira, Sardis, Filadelfia y Laodicea.

[12]Y me volví para ver la voz que hablaba conmigo; y vuelto, vi siete candeleros de oro, [13]y en medio de los siete candeleros, a uno semejante al **Hijo del Hombre**, vestido de una ropa que llegaba hasta los pies, y ceñido por el pecho con un cinto de oro. [14]Su cabeza y sus cabellos eran blancos como blanca lana, como nieve; sus ojos como llama de fuego; [15]y sus pies semejantes al bronce bruñido, refulgente como en un horno; y su voz como estruendo de muchas aguas. [16]Tenía en su diestra siete estrellas; de su boca salía una espada aguda de dos filos; y su rostro era como el sol cuando resplandece en su fuerza.

[17]Cuando le vi, caí como muerto a sus pies. Y él puso su diestra sobre mí, diciéndome: No temas; yo soy el primero y el último; [18]y el que vivo, y estuve muerto; mas he aquí que vivo por los siglos de los siglos, amén. Y tengo las llaves **de la muerte y del Hades**. [19]Escribe las cosas que has visto, y las que son, y las que han de ser después de estas. [20]El misterio de las siete estrellas que has visto en mi diestra, y de los siete candeleros de oro: las siete estrellas son los ángeles de las siete iglesias, y los siete candeleros que has visto, son las siete iglesias.

Reflexión para los últimos tiempos

Asegúrese de conocer bien a Jesús.
Y escuche siempre lo que Él tiene que decir.

Calientabancos y reincidentes

Cuando era niño y vivía en el este de Oklahoma, uno de los temas favoritos de los que se hablaba desde el púlpito era el de tener recaídas. Los miembros de la iglesia pasaban regularmente al frente al final de los servicios, estrechaban la mano del predicador, y afirmaban su consagración a seguir a Cristo más de cerca. Debo confesar, sin embargo, que como adulto he escuchado muy pocos sermones sobre la reincidencia. No creo que se deba a que los cristianos estén más comprometidos hoy de lo que solían estarlo antes.

El mensaje de Noé desde los peldaños del arca fue sobre este tipo de llamamiento. No fue precisamente el sermón que dice: "Yo estoy bien y tú estás bien". Noé proclamó: "Deben arrepentirse". El rey de Judá no metió a Jeremías en un foso por haber dicho: "Dios está en los cielos; todo va bien en el mundo". Lo hizo porque Jeremías les dijo al rey y al pueblo que se arrepintieran. Herodes no decapitó a Juan el Bautista por enseñar cómo hacer amigos e influenciar a las personas, sino porque Juan le dijo que se arrepintiera de su infidelidad y su pecado. De principio a fin, la Biblia relata cómo los mensajeros de Dios llamaron a la gente al arrepentimiento y les advirtieron del juicio de Dios si no lo hacían.

En Apocalipsis, Jesús llamó a las iglesias en Asia al arrepentimiento, nombró los pecados específicos de cada congregación y les advirtió del juicio que se acercaba. No sabemos cuántas de esas iglesias respondieron, pero lo que sí sabemos es que todas las iglesias (incluyendo la nuestra hoy día) necesitan oír una clara descripción de sus pecados y una clara advertencia en cuanto al juicio de Dios. Apocalipsis 2 nos recuerda que a menudo, nosotros también toleramos esos mismos pecados y, por lo tanto, nos enfrentamos al peligro de esos mismos castigos.

Por ejemplo, muchos suponen que la iglesia de Tiatira, con su manifiesta inmoralidad, era más malvada que la iglesia de Éfeso con su falta de amor. ¡Incorrecto! El Señor demandó arrepentimiento de ambos pecados. Una iglesia que tolera la frialdad espiritual necesita el mismo arrepentimiento que se requiere de una iglesia que tolera la inmoralidad manifiesta. A los ojos de Dios los pecados de la carne y los pecados del espíritu son igual de viles y, por tanto, merecedores de juicio.

Sin lugar a dudas, algunos actos son moralmente malvados en cualquier circunstancia. La actividad sexual fuera del matrimonio, por ejemplo, siempre ofende a Dios. Otros actos son moralmente neutrales y solo se convierten en malvados en circunstancias determinadas. Los cristianos deben estar en guardia en estas áreas grises: actividades que no son malas por sí mismas pero que, sin embargo, contaminan la conciencia; intenciones que pueden justificarse con argumentos astutos pero que dañan el testimonio de la iglesia.

Cuán fácil es bajar la guardia –como la iglesia de Tiatira– en nuestra cultura insistente y permisiva y descubrir de repente que hemos dado la bienvenida a "Jezabel" entre nosotros. La vigilancia incesante es el precio que todos debemos pagar si nosotros y nuestras iglesias queremos permanecer puros en cuanto a doctrina y moral.

Oración

Señor Jesús, pon tu atención en mí (y en mi iglesia) al igual que lo hiciste con las iglesias de Asia. Ya sea que el pecado haya entrado de forma desapercibida o que haya sido invitado formalmente, quiero alejarme por completo de él.

Capítulo 2

Jesús, que conocía plenamente los puntos fuertes y débiles de cada iglesia local, les da ánimo y las desafía a fin de prepararlas para los días que están por llegar.

¹Escribe al ángel de la iglesia en Efeso:

El que tiene las siete estrellas en su diestra, el que anda en medio de los siete candeleros de oro, dice esto: ²Yo conozco tus obras, y tu arduo trabajo y paciencia; y que no puedes soportar a los malos, y has probado a los que se dicen ser apóstoles, y no lo son, y los has hallado mentirosos; ³y has sufrido, y has tenido paciencia, y has trabajado arduamente por amor de mi nombre, y no has desmayado. ⁴Pero tengo contra ti, que has **dejado tu primer amor.** ⁵Recuerda, por tanto, de dónde has caído, y arrepiéntete, y haz las primeras obras; pues si no, vendré pronto a ti, y **quitaré tu candelero** de su lugar, si no te hubieres arrepentido. ⁶Pero tienes esto, que aborreces las obras de los nicolaítas, las cuales yo también aborrezco.

⁷El que tiene oído, oiga lo que el Espíritu dice a las iglesias. Al que venciere, le daré a comer del árbol de la vida, el cual está en medio del paraíso de Dios.

⁸Y escribe al ángel de la iglesia en Esmirna:

El primero y el postrero, el que estuvo muerto y vivió, dice esto: ⁹Yo conozco tus obras, y tu tribulación, y tu pobreza (pero tú eres rico), y la blasfemia de los que se dicen ser judíos, y no lo son, sino sinagoga de Satanás. ¹⁰No temas en nada lo que vas a padecer. He aquí, el diablo echará a algunos de vosotros en la cárcel, para que seáis probados, y tendréis tribulación por diez días. Sé **fiel hasta la muerte,** y yo te daré la corona de la vida.

¹¹El que tiene oído, oiga lo que el Espíritu dice a las iglesias. El que venciere, no sufrirá daño de la segunda muerte.

¹²Y escribe al ángel de la iglesia en Pérgamo:

El que tiene la espada aguda de dos filos dice esto: ¹³Yo conozco tus obras, y dónde moras, donde está el trono de Satanás; pero retienes mi nombre, y no has negado mi fe, ni aun en los días en que Antipas mi testigo fiel fue muerto entre vosotros, donde mora Satanás. ¹⁴Pero tengo unas pocas cosas contra ti: que tienes ahí a los

Palabra clave

"al que venciere"

El verbo griego *nikao* significa *conquistar*, y su sustantivo, *nike*, significa *victoria*. *Nikao* era un término corriente que se usaba para describir varios aspectos de la guerra. Esa palabra también se usaba como término legal cuando se ganaba un caso. En el Nuevo Testamento, solamente en Apocalipsis (6:2; 11:7; 13:7; 17:14) *nikao* se refiere a la guerra real; en las otras ocasiones se usa en sentido figurado. Cada uno de los siete mensajes en los capítulos 2 y 3 termina dando una promesa "al que venciere".

que retienen la doctrina de Balaam, que enseñaba a Balac a poner tropiezo ante los hijos de Israel, a comer de cosas sacrificadas a los ídolos, y a cometer fornicación. [15]Y también tienes a los que retienen la doctrina de los nicolaítas, la que yo aborrezco. [16]Por tanto, arrepiéntete; pues si no, vendré a ti pronto, y pelearé contra ellos con la espada de mi boca.

[17]El que tiene oído, oiga lo que el Espíritu dice a las iglesias. **Al que venciere**, daré a comer del maná escondido, y le daré una **piedrecita blanca**, y en la piedrecita escrito un nombre nuevo, el cual ninguno conoce sino aquel que lo recibe.

[18]Y escribe al ángel de la iglesia en Tiatira:

El Hijo de Dios, el que tiene ojos como llama de fuego, y pies semejantes al bronce bruñido, dice esto: [19]Yo conozco tus obras, y amor, y fe, y servicio, y tu paciencia, y que tus obras postreras son más que las primeras. [20]Pero tengo unas pocas cosas contra ti: que toleras que esa mujer **Jezabel**, que se dice profetisa, enseñe y seduzca a mis siervos a fornicar y a comer cosas sacrificadas a los ídolos. [21]Y le he dado tiempo para que se arrepienta, pero no quiere arrepentirse de su fornicación. [22]He aquí, yo la arrojo en cama, y

Palabras de vida

"dejado tu primer amor"
La doctrina correcta sin un corazón correcto conduce a una teología que es tan transparente como el hielo, pero casi igual de fría.

"fiel hasta la muerte"
Los primeros creyentes esperaban una persecución segura, y nunca esperaron que la vida cristiana fuese un camino de rosas.

"piedrecita blanca"
En el mundo antiguo se utilizaban piedras blancas como boletos de admisión para las fiestas públicas. Esta, en cambio, permite que las personas entren en lugares celestiales.

"quitaré tu candelero"
Actualmente, la iglesia en Éfeso está muerta. Según parece, sus miembros no se arrepintieron. Parece que Dios lo dijo en serio.

"al que venciere"
La posibilidad de ganar este título de conquista nos da un indicio de lo que realmente es la vida cristiana: total guerra espiritual.

"Jezabel"
Ella era como aquellas personas de la actualidad que incorporan prácticas paganas a la vida cristiana, todo en nombre de la tolerancia y la libertad personal.

en gran tribulación a los que con ella adulteran, si no se arrepienten de las obras de ella. [23]Y a sus hijos heriré de muerte, y todas las iglesias sabrán que yo soy el que escudriña la mente y el corazón; y os daré a cada uno según vuestras obras. [24]Pero a vosotros y a los demás que están en Tiatira, a cuantos no tienen esa doctrina, y no han conocido lo que ellos llaman las profundidades de Satanás, yo os digo: No os impondré otra carga; [25]pero lo que tenéis, retenedlo hasta que yo venga. [26]Al que venciere y guardare mis obras hasta el fin, yo le daré autoridad sobre las naciones,

> [27]Y LAS REGIRÁ CON VARA DE HIERRO, Y SERÁN QUEBRADAS COMO VASO DE
> ALFARERO;
> como yo también la he recibido de mi Padre; [28]y le daré la
> estrella de la mañana.

[29]El que tiene oído, oiga lo que el Espíritu dice a las iglesias.

Reflexión para los últimos tiempos

Mantenga su corazón limpio y sus intenciones puras; y obtenga nuevo ímpetu cada día en las refrescantes aguas del arrepentimiento.

Su nombre está aquí

APOCALIPSIS 3

E n la película *Titanic,* éxito de taquilla, el personaje ficticio Jack Dawson gana un boleto para viajar a Nueva York en una partida de cartas en el muelle, justo antes de que el barco zarpara. Su euforia se dispara, ya que su sueño de regresar a su hogar en Norteamérica parece entonces estar a días —no años ni toda una vida— de distancia. Finalmente él puede dejar su desordenado camino tras la compasiva estela de una increíble promesa: un nuevo día lleno de esperanza y emoción, con nuevos comienzos y renovadas oportunidades.

Entonces se produce la tragedia. Lo que parecía ser un boleto hacia la plena satisfacción se ha convertido en una plaza reservada con la muerte en las heladas aguas del Atlántico Norte.

Sí, el *Titanic* había prometido un viaje seguro a todos sus pasajeros, desde los que viajaban en primera clase hasta los que lo hacían en clase turista; pero hubo más ahogados que sobrevivientes. No todas las promesas son lo que parecen, y aquella promesa de que no se podrían hundir resultó ser drásticamente falsa.

Sin embargo, hay una lista divina de pasajeros con rumbo al cielo, y todos aquellos que están en la lista de Dios sin duda llegarán a destino. ¿Cómo lo sabemos? Dios dice que sus nombres ya están escritos en el libro de la vida del Cordero.

La primera mención que encontramos en la Biblia sobre ese libro divino está en Éxodo 32:32-33, donde Dios hace saber a Moisés que Él borrará de su libro a aquellos que continúen pecando contra Él. Esta idea de un libro de la vida sigue emergiendo en otras aguas del Antiguo Testamento, como en el ruego de David en el Salmo 69:28 para que Dios suprima el nombre de los malvados del libro de los vivos, y la conmovedora frase de aliento en Daniel 12:1 de que aquellos cuyos nombres están escritos en el libro de la vida serán librados de las feroces fauces de la persecución y la calamidad. En Apocalipsis, sin embargo, este concepto de un libro de la vida se desarrolla con más detalles (capítulos 3,13,17,20 y 21).

En las ciudades de la antigüedad, un rollo similar al mencionado en Apocalipsis se utilizaba como registro de todos los ciudadanos, parecido quizá a los listados de los votantes inscritos que figuran en los distritos electorales cada vez que hay elecciones. Si el nombre de alguien es borrado de este libro eso indicaría la pérdida de la ciudadanía.

Sin embargo, Dios no está borrando de su registro esos nombres que han sido "escritos desde la fundación del mundo en el libro de la vida" (Apoc. 17:8). Él no está constantemente con la goma de borrar, sino que prepara un lugar para aquellos cuyos nombres están "escritos en el libro de la vida del Cordero" (Apoc. 21:27). Las bendiciones de la vida eterna nos esperan en la otra orilla. Si usted es uno de esos creyentes que ha puesto su confianza en Él, seguro que su gracia lo mantendrá a flote.

Oración

Señor, te doy gracias por escribir mi nombre en tu libro, no porque merezca estar allí, sino porque tú deseas que yo esté contigo. Ayúdame a vivir en gratitud por tu gracia.

Capítulo 3

Panorama

Jesús continúa elogiando y confrontando a las iglesias de Asia Menor, y declara las expectativas de Él a la vez que siempre ofrece sus promesas eternas.

¹Escribe al ángel de la iglesia en Sardis:

El que tiene los siete espíritus de Dios, y las siete estrellas, dice esto: **Yo conozco tus obras**, que tienes nombre de que vives, y estás muerto. ²Sé vigilante, y afirma las otras cosas que están para morir; porque no he hallado tus obras perfectas delante de Dios. ³Acuérdate, pues, de lo que has recibido y oído; y guárdalo, y arrepiéntete. Pues si no velas, vendré sobre ti como ladrón, y no sabrás a qué hora vendré sobre ti. ⁴Pero tienes **unas pocas personas** en Sardis que no han manchado sus vestiduras; y andarán conmigo en vestiduras blancas, porque son dignas. ⁵El que venciere será vestido de vestiduras blancas; y no borraré su nombre del libro de la vida, y confesaré su nombre delante de mi Padre, y delante de sus ángeles.

⁶El que tiene oído, oiga lo que el Espíritu dice a las iglesias.

⁷Escribe al ángel de la iglesia en Filadelfia:

Esto dice el Santo, el Verdadero, el que tiene la llave de David, el que abre y ninguno cierra, y cierra y ninguno abre: ⁸Yo conozco tus obras; he aquí, he puesto delante de ti una puerta abierta, la cual nadie puede cerrar; porque aunque tienes poca fuerza, has guardado mi palabra, y no has negado mi nombre. ⁹He aquí, yo entrego de la sinagoga de Satanás a los que se dicen ser judíos y no lo son, sino que mienten; he aquí, yo haré que vengan y se postren a tus pies, y reconozcan que yo te he amado. ¹⁰Por cuanto has guardado la palabra de mi paciencia, yo también te guardaré de la **hora de la prueba** que ha de venir sobre el mundo entero, para probar a los que moran sobre la tierra. ¹¹He aquí, yo vengo pronto; retén lo que tienes, para que ninguno tome tu corona. ¹²Al que venciere, yo lo haré **columna en el templo** de mi Dios, y nunca más saldrá de allí; y escribiré sobre él el nombre de mi Dios, y el nombre de la ciudad de mi Dios, la nueva Jerusalén, la cual desciende del cielo, de mi Dios, y mi nombre nuevo.

¹³El que tiene oído, oiga lo que el Espíritu dice a las iglesias.

¹⁴Y escribe al ángel de la iglesia en Laodicea:

He aquí el Amén, el testigo fiel y verdadero, el **principio** de la creación de Dios, dice esto: ¹⁵Yo conozco tus obras, que ni eres frío ni caliente. ¡Ojalá fueses frío o caliente! ¹⁶Pero por cuanto eres tibio, y no frío ni caliente, te vomitaré de mi boca. ¹⁷Porque tú dices: Yo soy rico, y me he enriquecido, y de ninguna cosa tengo necesidad; y **no sabes** que tú eres un desventurado, miserable, pobre, ciego y desnudo. ¹⁸Por tanto, yo te aconsejo que de mí compres oro refinado en fuego, para que seas rico, y vestiduras blancas para vestirte, y que no se descubra la vergüenza de tu desnudez; y unge tus ojos con colirio, para que veas. ¹⁹Yo **reprendo y castigo** a todos los que amo; sé, pues, celoso, y arrepiéntete. ²⁰He aquí, yo estoy a la puerta y llamo; si alguno oye mi voz y abre la puerta, entraré a él, y cenaré con él, y él conmigo. ²¹Al que venciere, le daré que se siente conmigo en mi trono, así como yo he vencido, y me he sentado con mi Padre en su trono. ²²El que tiene oído, oiga lo que el Espíritu dice a las iglesias.

Palabra clave
"principio"

El sustantivo griego *arche* es el término básico en el Nuevo Testamento para *principio*. Aparece dos veces en Apocalipsis como un título exaltado de Jesús (3:14; 22:13). El segundo pasaje usa la misma frase que describe a Dios el Padre en Apocalipsis 21:6: "el principio (*arche*) y el fin", el Creador y el Consumador de todas las cosas. Por tanto, Apocalipsis 3:14 confirma que el Hijo y el Padre son uno, que Jesús mismo es "el Creador de la creación de Dios".

Reflexión para los últimos tiempos

El alivio que buscamos a través del placer y la pereza en realidad solo se encuentra a través de la perseverancia.

Palabras de vida

"yo conozco tus obras"

La iglesia en Sardis podía haber engañado a todos los demás, pero Jesús ve lo que ninguna otra persona sospecha.

"unas pocas personas"

La idea de un remanente fiel de creyentes es un tema común en la Escritura. A menudo pasan desapercibidos pero, por la gracia de Dios, se mantienen limpios de la corrupción del mundo.

"hora de la prueba"

Esta es la primera referencia específica en Apocalipsis a un tiempo próximo de agitación mundial, una gran tribulación iniciada por Dios.

"columna en el templo"

Hacía poco tiempo que Filadelfia había sido sacudida por un terremoto destructor. Esta promesa les dio una esperanza inconmovible en las sólidas promesas de Dios.

"no sabes"

Lo único peor que ser espiritualmente pobre, ciego y desnudo es ser las tres cosas a la vez y ni siquiera saberlo.

"reprendo y castigo"

Las palabras de advertencia de Cristo son en realidad palabras de amor: dolorosas verdades que nos ayudan a evitar consecuencias dolorosas.

El trono legítimo de Dios

Apocalipsis 4

Como norteamericano, en realidad no puedo identificarme con la experiencia de postrarme delante de un soberano humano. El presidente de los Estados Unidos es un conciudadano elegido por el pueblo para servir en su puesto por unos pocos años y, aunque yo honro y respeto su cargo, también disfruto del privilegio de hablar con franqueza y hacer que él rinda cuentas de su juramento.

Sin embargo, para los pueblos de la antigüedad que leyeron o escucharon el libro de Apocalipsis por primera vez, postrarse delante del rey era una reacción muy natural. Cuando se produjo el desarrollo de las democracias modernas, los reyes y sus tronos se convirtieron, en gran medida, en vestigios del poder simbólico. Para los primeros pueblos, el trono seguía teniendo significado; representaba fuerza, superioridad y un monarca a quien sus súbditos debían reverenciar (con disposición o sin ella).

En épocas más recientes ha sido el trono mismo, no el poder que simboliza, lo que ha captado mayor atención. Uno de los tronos más espléndidos de la historia fue el Peacock Throne de la India, adornado con piedras preciosas, que más tarde fue robado y llevado a Irán. Muchos reinos europeos también crearon elaborados tronos para sus reyes. El trono más antiguo en uso continuo es un asiento de roble tallado del siglo XIII que está en la Cámara de los Lores en Londres. Hasta el día de hoy la monarca británica oficialmente abre las sesiones del Parlamento desde ese trono.

En cierta manera, sin embargo, todos los seres humanos se sientan en sus propios tronos individuales y desean gobernar sus propios asuntos sin interferencia de Dios o de otras personas. Yo me tropecé con esta verdad cuando era un estudiante universitario que estaba aprendiendo a compartir mi fe en Cristo. Cerca del final de la presentación del evangelio conocida como "Las cuatro leyes espirituales", hay un diagrama con dos círculos, y cada círculo tiene una pequeña silla o trono en el centro. Un círculo muestra al yo en el trono; el otro muestra a Cristo en el trono. Al compartir esta idea, yo le pedía a la persona que me dijera qué círculo representaba su vida, y luego le preguntaba cuál era el que mostraba la clase de vida que le gustaría tener.

En última instancia, en la tierra solo se conoce a esos dos tipos de personas: las que han puesto a Cristo en el trono en sus vidas y las que se han puesto a sí mismas en el trono. Como demuestra este capítulo de Apocalipsis, con absoluta seguridad Dios está sobre el trono del universo. Su plan se llevará a cabo de manera perfecta. El asunto al que debemos enfrentarnos, por tanto, es este: ¿qué ocurre con el trono de nuestras propias vidas?

Si usted ha reconocido que Dios es su soberano personal, dele gracias por su grandeza y su bondad; adórelo y lea en voz alta los cánticos de Apocalipsis 4. En cambio, si usted no ha reconocido a Dios como su Señor, considere el siguiente capítulo como una oportunidad para reflexionar sobre su necesidad de ponerlo a Él donde legítimamente le corresponde.

Oración

Señor, te reconozco no solo como el Soberano del trono celestial sino también como el Soberano del trono de mi vida. Ayúdame, Señor, a pagar cualquiera que sea el precio para mantenerte allí.

Capítulo 4

[1] Después de esto miré, y he aquí una puerta abierta en el cielo; y la primera voz que oí, como de trompeta, hablando conmigo, dijo: Sube acá, y yo te mostraré las cosas que **sucederán** después de estas.

[2] Y al instante yo estaba **en el Espíritu**; y he aquí, un trono establecido en el cielo, y en el trono, uno sentado. [3] Y el aspecto del que estaba sentado era semejante a piedra de jaspe y de cornalina; y había alrededor del trono un **arco iris**, semejante en aspecto a la esmeralda. [4] Y alrededor del trono había veinticuatro tronos; y vi sentados en los tronos a veinticuatro ancianos, vestidos de ropas blancas, con coronas de oro en sus cabezas. [5] Y del trono salían relámpagos y truenos y voces; y delante del trono ardían siete lámparas de fuego, las cuales son los siete espíritus de Dios. [6] Y delante del trono había como un **mar de vidrio** semejante al cristal; y junto al trono, y alrededor del trono, cuatro seres vivientes llenos de ojos delante y detrás. [7] El primer ser viviente era semejante a un león; el segundo era semejante a un becerro; el tercero tenía rostro como de hombre; y el cuarto era semejante a un águila volando. [8] Y los cuatro seres vivientes tenían cada uno seis alas, y alrededor y por dentro estaban llenos de ojos; y **no cesaban** día y noche de decir:

Palabras de vida

"sucederán"

No hay un quizá en los próximos acontecimientos del Apocalipsis. Ninguna otra cosa en la vida es más segura que la Palabra de Dios.

"en el Espíritu"

El libro de Apocalipsis en realidad consta de cuatro visiones distintas. Observe las demás buscando estas tres mismas palabras en los versículos 1:10; 17:3 y 21:10.

"arco iris"

El arco iris es la señal eterna de Dios (¿recuerda a Noé y el arca?) de que Él nunca olvidará su promesa de pacto con la humanidad.

"mar de vidrio"

En general, los océanos son cualquier otra cosa menos transparentes, igual que las obras más delicadas realizadas en cristal en los tiempos de Juan. Este "mar de cristal" sin duda captó su atención.

"no cesaban"

Somos como esos seres celestiales que no tienen ningún otro propósito por el cual existir. Nosotros también fuimos creados para adorar a Dios.

"Señor"

El malvado emperador romano Domiciano había reclamado en forma blasfema este título para sí mismo. Los primeros cristianos sabían a quién le pertenecía realmente.

Santo, santo, santo
es el Señor Dios Todopoderoso,
el que era, el que es, y el que ha de
venir.

[9]Y siempre que aquellos seres vivientes dan gloria y honra y acción de gracias al que está sentado en el trono, al que vive por los siglos de los siglos, [10]los veinticuatro ancianos se postran delante del que está sentado en el trono, y adoran al que vive por los siglos de los siglos, y echan sus coronas delante del trono, diciendo:

[11]**Señor**,
digno eres de recibir
la gloria y la honra y el poder;
porque tú creaste todas las cosas,
y por tu voluntad existen y fueron
creadas.

Palabra clave
"Santo"

El adjetivo *hagios* está relacionado con el verbo *hagiazo*, que significa *apartar*, y se traduce a menudo por *santificar*. La idea esencial de *hagios* es la de *singularidad*, aquello distinto de todo lo demás. El singular atributo de Dios de la santidad es el centro del triple canto de los ángeles en Apocalipsis 4:8. El término también describe ciertas cosas que Dios ha apartado para sus propios propósitos, como la "ciudad santa" (11:2; 21:2,10) y (en su forma de sustantivo plural) los "santos"; es decir, los cristianos (5:8).

Reflexión para los últimos tiempos

*Llegue a ser un buen adorador. Eso es lo que
estará haciendo durante mucho tiempo.*

¿Qué hacemos aquí?

Una de las más grandes tragedias producidas en el drama inglés, el *Macbeth* de Shakespeare, se publicó en el año 1623. Cerca del final de la obra, la esposa de Macbeth muere. Al llegar a ese punto Macbeth ha perdido tanto su conciencia que es incapaz de sentir nada en absoluto. Él expresa su fatiga y hastío en los siguientes versos famosos:

> Mañana, y mañana, y mañana
> Se arrastra con paso mezquino día tras día
> Hasta la sílaba final del tiempo escrito,
> Y la luz de todo nuestro ayer guió a los bobos
> Hacia el polvo de la muerte. ¡Apágate, breve llama!
> La vida es una sombra que camina, un pobre actor
> Que en escena se arrebata y contonea
> Y nunca más se le oye. Es un cuento
> Que cuenta un idiota, lleno de ruido y de furia,
> Que no significa nada. (*Macbeth*, acto 5, escena 5).

Cuatro siglos después, muchos seguirían argumentando que la historia no tiene un patrón, que aunque pueda estar "llena de ruido y de furia", en realidad es un ruidoso viaje a ninguna parte. El punto de vista cristiano, por el contrario, es que Dios tiene un guión para el futuro del universo, y en ningún otro lugar se ve más claramente que en Apocalipsis 5, donde aparece el rollo escrito por dentro y por fuera. Jesús conoce todo lo relacionado con los acontecimientos que han ocurrido y que ocurrirán entre el siglo I y los juicios finales: la apertura de los sellos. Él también es el responsable de hacer que los juicios finales se desaten de acuerdo con el plan de Dios. Él es el único hallado digno de abrir el rollo y mirar adentro. Este Jesús, el Cordero de Dios, está llevando la historia hasta un punto: tanto a una conclusión dramática como a un destino eterno.

Nosotros somos parte de ese destino al comprometernos a servir en su reino, al adorar y ser testigos, al obedecer su Palabra y hacer su obra. Nos unimos al escritor de himnos Matthew Bridges, quien sacó estas palabras de las imágenes de Apocalipsis 5:

Corónenlo con muchas coronas,
Al Cordero que está en el trono;
Escuchen cómo toda la otra música
Se pierde en el himno celestial;
Despierta, alma mía, y canta
De Aquel que murió por ti,
Y aclámalo como tu Rey sin igual
Por toda la eternidad.

Oración

Señor, sé que tú tienes todo el control del futuro, al igual que has tenido todo el control del pasado. Confío en ti para que me lleves donde tú quieras que vaya. Haz de mí un seguidor dispuesto.

Capítulo 5

Panorama

Al ser declarado digno de abrir el rollo del juicio del destino, Cristo, el Cordero inmolado, llega a la gloriosa adoración de la corte celestial.

¹Y vi en la mano derecha del que estaba sentado en el trono un **libro** escrito por dentro y por fuera, sellado con siete sellos. ²Y vi a un ángel fuerte que pregonaba a gran voz: ¿Quién es digno de abrir el libro y **desatar sus sellos**? ³Y ninguno, ni en el cielo ni en la tierra ni debajo de la tierra, podía abrir el libro, ni aun mirarlo. ⁴Y lloraba yo mucho, porque no se había hallado a ninguno digno de abrir el libro, ni de leerlo, ni de mirarlo.

⁵Y uno de los ancianos me dijo: No llores. He aquí que el **León** de la tribu de Judá, la raíz de David, ha vencido para abrir el libro y desatar sus siete sellos. ⁶Y miré, y vi que en medio del trono y de los cuatro seres vivientes, y en medio de los ancianos, estaba en pie un **Cordero** como inmolado, que tenía **siete cuernos**, y siete ojos, los cuales son los siete espíritus de Dios enviados por toda la tierra. ⁷Y vino, y tomó el libro de la mano derecha del que estaba sentado en el trono.

⁸Y cuando hubo tomado el libro, los cuatro seres vivientes y los veinticuatro ancianos se postraron delante del Cordero; todos tenían arpas, y copas de oro llenas de incienso, que son las **oraciones de los santos**; ⁹y cantaban un nuevo cántico, diciendo:

Palabras de vida

"libro"
Este es el rollo del juicio de Dios, su plan eterno para condenar la maldad.

"desatar sus sellos"
Esto aún no revela el contenido del libro. Los siete sellos deben abrirse solamente para ver el comienzo del plan de Dios.

"León" y "Cordero"
¿Qué es lo que suena como un león pero se ve como un cordero? Jesús, el Rey vencedor del universo, la imagen viviente del poderío y la paz perfecta.

"siete cuernos"
Los cuernos de un animal representan su poder. Los siete cuernos del Cordero, por tanto, representan el máximo poder.

"oraciones de los santos"
¿Ha sentido alguna vez como si sus oraciones no llegasen a ninguna parte? Obsérvelas aquí a medida que se elevan hasta el salón del trono del cielo.

"y miré"
Mire a través de los ojos de Juan cuando él amplía su ángulo de visión desde el trono hasta sus guardianes, hasta los ángeles y hasta los innumerables adoradores. Véalo usted mismo con los ojos entrecerrados de su mente.

Digno eres de tomar el libro y de
abrir sus sellos;
porque tú fuiste inmolado,
y con tu sangre nos has redimido
para Dios,
de todo linaje y lengua y pueblo y
nación;
[10]y nos has hecho para nuestro Dios
reyes y sacerdotes,
y reinaremos sobre la tierra.

[11]**Y miré**, y oí la voz de muchos ángeles
alrededor del trono, y de los seres vivientes,
y de los ancianos; y su número era millones
de millones, [12]que decían a gran voz:

El Cordero que fue inmolado
es digno de tomar el poder, las
riquezas,
la sabiduría, la fortaleza,
la honra, la gloria y la alabanza.

Palabra clave
"libro"

El sustantivo griego *biblion* y el término estrechamente relacionado *biblos* significan rollo. Ambos se traducen a menudo por *libro*, ya que muchas veces está a la vista un documento o un conjunto de documentos (22:7). Estas palabras son básicamente intercambiables, como en el uso de ambas en "libro de la vida" (*biblion*: 13:8; 17:8; 20:12; 21:27; *biblos*: 3:5; 20:15). El término relacionado *biblaridion* significa *librito* y aparece tres veces en el Nuevo Testamento (10:2,9,11). Estos términos forman la base de nuestra palabra *Biblia*.

[13]Y a todo lo creado que está en el cielo, y sobre la tierra, y debajo de la tierra, y en el mar, y a todas las cosas que en ellos hay, oí decir:

Al que está sentado en el trono, y al Cordero,
sea la alabanza, la honra, la gloria y el poder,
por los siglos de los siglos.

[14]Los cuatro seres vivientes decían: Amén; y los veinticuatro ancianos se postraron sobre sus rostros y adoraron al que vive por los siglos de los siglos.

Reflexión para los últimos tiempos

Nunca permita que el pesado y aburrido ritmo de este día le haga pensar que no hay un final a la vista.

Los cuatro jinetes

APOCALIPSIS 6

Nuestro mundo está lleno de ineludible sufrimiento. Hambrunas, epidemias, terremotos, inundaciones, huracanes y accidentes de avión infligen un sentimiento de dolor y pérdida indescriptible a la humanidad. No hay manera en que podamos contar el número de personas que han sufrido o muerto debido a tales desastres.

Por encima de todo se sitúa la crueldad del hombre para con sus semejantes. La guerra, el terrorismo, los crímenes, el abuso dentro de la familia y la discriminación amontonan horror sobre horror. En el siglo XX Adolf Hitler fue la imagen misma del mal. Su objetivo racista era eliminar a todos aquellos que consideraba inferiores a él y crear una raza de superhombres. En su búsqueda de esta horrorosa meta, eliminó a millones de judíos, gitanos, polacos, eslavos y otros.

Sin embargo, ni siquiera Hitler fue el peor. Joseph Stalin, el padre del comunismo combativo, asesinó al menos a 40 millones de sus propios compatriotas. Aun Stalin fue sobrepasado por Mao Tse-Tung de China. Quizá llegasen a 72 millones los chinos que perecieron en la revolución presidencial de Mao en el esfuerzo para colectivizar el país, y en la revolución cultural que seguidamente se produjo.

Siempre que la gente da la espalda a Dios, se produce un resultado inenarrable. Hace más de un siglo, James Russell Lowell habló en una reunión donde el cristianismo había sido cuestionado. Él respondió: "Desafío a cualquier escéptico a que encuentre en este planeta un área de dieciséis kilómetros cuadrados (diez millas cuadradas) donde puedan vivir sus vidas con paz, seguridad y decencia, donde se dé honra al sexo femenino, donde se reverencie a los niños y a los ancianos, donde puedan educar a sus hijos, donde el evangelio de Jesucristo no haya llegado antes para preparar el camino. Si encuentran un lugar así, entonces los animaría a que emigrasen allí y proclamasen su incredulidad" (D. James Kennedy, *What if Jesus Had Never Lived?* [¿Qué pasaría si Jesús no hubiera venido a este mundo?]).

¿Cómo respondemos al dolor y la angustia? Animamos a las personas a que se vuelvan a Cristo para evitar tanto sufrimiento como sea posible. Vivimos con paciencia y perseverancia, y seguimos a Cristo sin importar cuál sea el costo. Nos lanzamos de cabeza a la soberanía de Dios sin exigir explicación alguna de por qué Él permite que continúe tal dolor. Es posible que clamemos junto con los mártires: "¿Cuánto tiempo, Señor?", pero al mismo tiempo afirmamos la bondad de Dios. Él es todopoderoso y aún gobierna desde su trono celestial. Algún día, después de que su ira haya sido completamente derramada sobre el pecado, todos los males serán subsanados. A pesar del sufrimiento provocado por los cuatro jinetes, al final todo se arreglará. La justicia y el amor prevalecerán.

Oración

*Dios, tú eres Señor de la historia, aun cuando el mundo parezca
estar enloquecido con los desastres políticos y militares. Tú
eres Señor de la naturaleza, aun cuando esta parezca
fuera de control. Tú eres Señor. Sí, tú eres Señor.*

Capítulo 6

Panorama

El terrorífico galope de los cuatro jinetes revela un derramamiento de guerra, devastación, muerte y destrucción.

[1] Vi cuando el Cordero abrió uno de los sellos, y oí a uno de los cuatro seres vivientes decir como con voz de trueno: Ven y mira. [2] Y miré, y he aquí un **caballo blanco**; y el que lo montaba tenía un arco; y le fue dada una corona, y salió venciendo, y para vencer.

[3] Cuando abrió el segundo sello, oí al segundo ser viviente, que decía: Ven y mira [4] Y salió otro caballo, bermejo; y al que lo montaba le fue dado poder de quitar de la tierra la paz, y que se matasen unos a otros; y se le dio una gran espada.

[5] Cuando abrió el tercer sello, oí al tercer ser viviente, que decía: Ven y mira. Y miré, y he aquí un caballo negro; y el que lo montaba tenía una balanza en la mano. [6] Y oí una voz de en medio de los cuatro seres vivientes, que decía: Dos libras de trigo por un **denario**, y seis libras de cebada por un denario; pero no dañes el aceite ni el vino.

[7] Cuando abrió el **cuarto sello**, oí la voz del cuarto ser viviente, que decía: Ven y mira. [8] Miré, y he aquí un caballo **amarillo**, y el que lo montaba tenía por nombre Muerte, y el Hades le seguía; y le fue dada potestad sobre la cuarta parte de la tierra, para matar con espada, con hambre, con mortandad, y con las fieras de la tierra.

Palabras de vida

"caballo blanco"

A diferencia del caballo que Jesús monta en el capítulo 19, este caballo blanco no es un símbolo de pureza. En cambio, probablemente simbolice las promesas vacías de paz que preceden al dominio militar.

"denario"

Moneda romana de pago corriente del salario de todo un día; que apenas alcanzaba como para poder vivir.

"cuarto sello"

El número cuatro en Apocalipsis parece representar al mundo, lo cual significa que estos cuatro primeros sellos representan azotes globales.

"amarillo"

Con gran probabilidad se relaciona con el paño mortuorio de color verde grisáceo de un cadáver humano. Es feo y desagradable de cualquier manera que se lo mire.

"clamaban"

"¿Y acaso Dios no hará justicia a sus escogidos, que claman a él día y noche? ¿Se tardará en responderles?" (Luc. 18:7). Nunca renuncie a Dios.

"ira del Cordero"

Es justo atribuir al menos algunos de los actuales desastres cataclísmicos a la ira de Dios contra el pecado de la humanidad.

⁹ Cuando abrió el quinto sello, vi bajo el altar las almas de los que habían sido muertos por causa de la palabra de Dios y por el testimonio que tenían. ¹⁰ Y **clamaban** a gran voz, diciendo: ¿Hasta cuándo, Señor, santo y verdadero, no juzgas y vengas nuestra sangre en los que moran en la tierra? ¹¹ Y se les dieron vestiduras blancas, y se les dijo que descansasen todavía un poco de tiempo, hasta que se completara el número de sus consiervos y sus hermanos, que también habían de ser muertos como ellos.

¹² Miré cuando abrió el sexto sello, y he aquí hubo un gran terremoto; y el sol se puso negro como tela de cilicio, y la luna se volvió toda como sangre; ¹³ y las estrellas del cielo cayeron sobre la tierra, como la higuera deja caer sus higos cuando es sacudida por un fuerte viento. ¹⁴ Y el cielo se desvaneció como un pergamino que se enrolla; y todo monte y toda isla se removió de su lugar.

¹⁵ Y los reyes de la tierra, y los grandes, los ricos, los capitanes, los poderosos, y todo siervo y todo libre, se escondieron en las cuevas y entre las peñas de los montes; ¹⁶ y decían a los montes y a las peñas: Caed sobre nosotros, y escondednos del rostro de aquel que está sentado sobre el trono, y de la **ira del Cordero**; ¹⁷ porque el gran día de su ira ha llegado; ¿y quién podrá sostenerse en pie?

Palabra clave
"sello"

El sustantivo *sphragis* significa *sello*. El verbo relacionado, *sphragizo*, significa *sellar* o *marcar con un sello*. En Apocalipsis estos términos se refieren principalmente a la propiedad. El libro con los siete sellos le pertenece a Dios y solamente el Cordero puede abrirlo (capítulos 5-6; 8:1). De igual manera, aquellos que tienen el sello de Dios le pertenecen a Él (7:3-8). No obstante, también se ve el tema de la protección: protección *para* aquellos *que* son sellados (9:4), protección *de* aquello *que* está sellado (10:4; 20:3).

Reflexión para los últimos tiempos

Los titulares de las noticias revelan cuál es el costo humano de rechazar el amor de Dios y pasar por alto la gracia de Dios.

La tribulación de nuestros días

Muchos cristianos se han preocupado por la manera en que la tribulación podría afectarlos y Bob, mi querido suegro, fue uno de ellos. A fines de la década del 70 se convenció de que necesitaba almacenar alimentos para la familia. No quería que nos muriésemos de hambre en caso de que se produjera una grave hambruna o de que se prohibiera a los cristianos comprar algo durante los días de crisis venidera. Invirtió una importante cantidad de sus ahorros en cientos de latas de comida de todo tipo de cosas, desde harina integral y mantequilla de maní hasta copos de plátano deshidratados. Supuestamente, había reunido lo suficiente para alimentarnos (con moderación) por tres años. Todos los productos tenían una garantía de tiempo de durabilidad de al menos diez años.

Bob murió en el año 1982, dejando en su garaje estante tras estante lleno de latas sin tocar. Al final, en el año 1997, se tiraron todas: una pérdida total. Lo que Bob no comprendía es que para esa tribulación es necesario prepararse de manera espiritual, y no de manera física.

El nombre "tribulación" (*thlipsis* en griego) se halla 43 veces en el Nuevo Testamento, y su idea básica es la de "presión" en un sentido negativo. La palabra que nosotros utilizamos viene del latín *tribulum*, la rastra o trilla que separa el grano de su cascarilla. En Apocalipsis, *thlipsis* aparece cinco veces:

- 1:9 – Yo Juan, vuestro hermano, y copartícipe vuestro en la **tribulación**, en el reino y en la paciencia de Jesucristo, estaba en la isla llamada Patmos, por causa de la palabra de Dios y el testimonio de Jesucristo.

- 2:9 – Yo conozco tus obras, y tu **tribulación**, y tu pobreza (pero tú eres rico), y la blasfemia de los que se dicen ser judíos, y no lo son, sino sinagoga de Satanás.

- 2:10 – No temas en nada lo que vas a padecer. He aquí, el diablo echará a algunos de vosotros en la cárcel, para que seáis probados, y tendréis **tribulación** por diez días. Sé fiel hasta la muerte, y yo te daré la corona de la vida.

- 2:22 – He aquí, yo la arrojo en cama, y en gran **tribulación** a los que con ella adulteran, si no se arrepienten de las obras de ella.

- 7:14 – Yo le dije: Señor, tú lo sabes. Y él me dijo: Estos son los que han salido de la gran **tribulación**, y han lavado sus ropas, y las han emblanquecido en la sangre del Cordero.

Sin duda alguna, Juan y los cristianos de su tiempo estaban pasando por tribulación; pero nosotros, como pueblo de Dios, hallamos en nuestro Padre las fuerzas para soportar nuestro tiempo de tribulación fielmente y con gozo.

Oración

Señor, estoy dispuesto a pasar por la tribulación que tú envíes a mi vida. Cuán intensamente espero ser parte de la multitud que estará en tu presencia para siempre.

Capítulo 7

Panorama

De repente se produce una pausa en la acción, cuando los redimidos son protegidos de la destrucción y sellados por toda la eternidad.

¹Después de esto vi a cuatro ángeles en pie sobre los cuatro ángulos de la tierra, que detenían los cuatro vientos de la tierra, para que no soplase viento alguno sobre la tierra, ni sobre el mar, ni sobre ningún árbol. ²Vi también a otro ángel que subía de donde sale el sol, y tenía el **sello del Dios vivo**; y clamó a gran voz a los cuatro ángeles, a quienes se les había dado el poder de hacer daño a la tierra y al mar, ³diciendo: No hagáis daño a la tierra, ni al mar, ni a los árboles, hasta que hayamos sellado en sus frentes a los siervos de nuestro Dios. ⁴Y oí el número de los sellados:

> **ciento cuarenta y cuatro mil** sellados de todas las tribus de los **hijos de Israel**.
> ⁵De la tribu de Judá, doce mil sellados.
> De la tribu de Rubén, doce mil sellados.
> De la tribu de Gad, doce mil sellados.
> ⁶De la tribu de Aser, doce mil sellados.
> De la tribu de Neftalí, doce mil sellados.
> De la tribu de Manasés, doce mil sellados.
> ⁷De la tribu de Simeón, doce mil sellados.
> De la tribu de Leví, doce mil sellados.
> De la tribu de Isacar, doce mil sellados.
> ⁸De la tribu de Zabulón, doce mil sellados.
> De la tribu de José, doce mil sellados.
> De la tribu de Benjamín, doce mil sellados.

⁹Después de esto miré, y he aquí una gran multitud, la cual nadie podía contar, de todas naciones y **tribus** y pueblos y lenguas, que estaban delante del trono y en la presencia del Cordero, vestidos de ropas blancas, y con **palmas** en las manos; ¹⁰y clamaban a gran voz, diciendo:

> La salvación pertenece a nuestro Dios
> que está sentado en el trono,
> y al Cordero.

[11]Y todos los ángeles estaban en pie alrededor del trono, y de los ancianos y de los cuatro seres vivientes; y se postraron sobre sus rostros delante del trono, y adoraron a Dios, [12] diciendo:

Amén. La bendición y la gloria y la sabiduría
y la acción de gracias y la honra
y el poder y la fortaleza,
sean a nuestro Dios por los siglos de los siglos. Amén.

[13] Entonces uno de los ancianos habló, diciéndome: Estos que están vestidos de ropas blancas, ¿quiénes son, y de dónde han venido?
[14]Yo le dije: Señor, tú lo sabes. Y él me dijo:

Palabra clave
"tribu"

El sustantivo griego *phule* podría significar *raza*, pero la mayoría de las veces se refiere a relaciones cercanas de parentesco dentro de una raza, de ahí el término *tribu* o *clan*. Dos terceras partes de las veces en que aparece *phule* en Apocalipsis están en el capítulo 7, donde se nombra específicamente a las doce tribus de Israel. El término *phule* se emplea referido a las tribus de Israel en otros contextos (5:5; 21:12) y, sin embargo, también puede referirse a personas de otras razas (1:7; 5:9; 7:9; 11:9; 13:7; 14:6) como sinónimo de *genos (raza)* o *ethnos (gentil o nación)*.

Estos son **los que han salido** de la gran tribulación,
y han lavado sus ropas, y las han emblanquecido en la sangre del Cordero.
[15] Por esto están delante del trono de Dios,
le sirven día y noche en su templo;
y el que está sentado sobre el trono extenderá su tabernáculo sobre ellos.

Palabras de vida

"sello del Dios vivo"
Ya sea literal o no, este sello contrasta directamente con la famosa marca de la bestia del capítulo 13.

"144.000"
Aunque quizá solo quiera simbolizar una inmensa cantidad, este número por sí solo les habría parecido enorme a los cristianos del siglo I.

"hijos de Israel"
Al igual que las tribus primitivas sobrevivieron a las diez plagas del Éxodo, estas tribus en el tiempo del fin sobrevivirán a las plagas de los últimos días.

"palmas"
Las palmas eran el equivalente de los globos en una fiesta, una señal de alegría y festividad.

"los que han salido"
Este tiempo verbal sugiere que los santos subirán al cielo en un flujo constante a través de la tribulación.

"ya no"
La promesa del anciano de una provisión abundante indica que muchos de los creyentes que llegan, realmente han sufrido en la tierra.

[16]**Ya no** tendrán hambre ni sed, y el sol no caerá más sobre ellos,
ni calor alguno;
[17]porque el Cordero que está en medio del trono los pastoreará,
y los guiará a fuentes de aguas de vida; y Dios enjugará
toda lágrima de los ojos de ellos.

Reflexión para los últimos tiempos

*Puede ser que su vida sea difícil; pero recuerde: su recompensa
lo gratificará con creces.*

Leer entre líneas

Vivimos entre el tiempo de las históricas plagas de Egipto divinamente enviadas y las futuras plagas que también serán enviadas por Dios al final de la era. Los actuales medios de comunicación proporcionan acceso instantáneo a los acontecimientos que se producen en el mundo. Todos estamos muy al tanto de los tipos de plagas que el mundo ha soportado durante décadas pasadas. Ríos que se desbordan y ahogan a muchos; huracanes y tornados que matan; el azote del SIDA, que deja desolados a algunos países del Tercer Mundo y extingue miles de vidas en Norteamérica.

Los cristianos hacemos bien en considerar muchos de esos desastres como consecuencias naturales de vivir en un universo caído. Tenemos razón al decir que Dios los ha permitido, aunque no podemos decir que Él los haya provocado directamente (a diferencia de las plagas egipcias). ¿Pero cómo hemos de responder cuando las plagas nos golpean directamente a nosotros o a las personas a quienes conocemos y queremos?

En primer lugar, podemos reconocer que Dios es soberano tanto sobre el mal que Él permite como sobre sus actos directos de juicio. Cuando las personas mueren en desastres naturales, podemos estar seguros de que esa situación no tomó a Dios por sorpresa. A nosotros puede parecernos trágico y aun sin sentido, pero Él ha permitido que ocurra… con un propósito que solo Él conoce.

En segundo lugar, podemos orar para que los hijos de Dios que sobreviven a los desastres tengan la victoria al aferrarse a Dios por fe.

Finalmente, y quizá sea lo más apremiante de todo, podemos ver los desastres naturales como ocasiones en las cuales las personas se encuentran cara a cara con los asuntos eternos. A menudo la gente escucha el evangelio de manera más clara cuando se enfrenta con las plagas de la naturaleza, y Dios nos utiliza amorosamente en esos momentos de vida y muerte para alcanzar a las personas en un nivel que raras veces podemos rozar en cualquier otro momento o de cualquier otra forma.

El testimonio de Horacio Spafford, escrito hace más de un siglo, ante el desastre y la pérdida personal, ha alcanzado a miles de personas con la esperanza del evangelio. Después de la pérdida de sus hijos en el mar, él escribió estas poderosas palabras:

De paz inundada mi senda ya esté,
O cúbrala un mar de aflicción,
Mi suerte cualquiera que sea, diré:
Alcancé, alcancé salvación.
Ya venga la prueba o me tiente Satán,
No amenguan mi fe ni mi amor;
Pues Cristo comprende mis luchas, mi afán
Gloria demos al buen Salvador.

Oración

Señor Dios, ayúdame a confiar en tu cuidado amoroso, cuando las circunstancias que me rodean sean buenas y también cuando las plagas parezcan abrumadoras. Ayúdame, como al escritor del canto, a confesar: "Alcancé salvación".

Capítulo 8

Panorama

Ahora la cosa se pone realmente fea, cuando el período de tormentas de la tribulación final comienza a derramarse de lleno.

¹ Cuando abrió el séptimo sello, se hizo **silencio en el cielo** como por media hora. ² Y vi a los siete ángeles que estaban en pie ante Dios; y se les dieron **siete trompetas**. ³ Otro ángel vino entonces y se paró ante el altar, con un incensario de oro; y se le dio mucho incienso para añadirlo a las oraciones de todos los santos, sobre el altar de oro que estaba delante del trono. ⁴ Y de la mano del ángel subió a la presencia de Dios el humo del incienso con las oraciones de los santos. ⁵ Y el ángel tomó el incensario, y lo llenó del fuego del altar, y lo arrojó a la tierra; y hubo truenos, y voces, y relámpagos, y un terremoto. ⁶ Y los siete ángeles que tenían las siete trompetas se dispusieron a tocarlas.

⁷ El primer ángel tocó la trompeta, y hubo granizo y fuego mezclados con sangre, que fueron **lanzados sobre la tierra**; y la tercera parte de los árboles **se quemó**, y se quemó toda la hierba verde.

⁸ El segundo ángel tocó la trompeta, y como una gran montaña ardiendo en fuego fue precipitada en el mar; y la tercera parte del mar se convirtió en sangre. ⁹ Y murió la tercera parte de los seres vivientes que estaban en el mar, y la tercera parte de las naves fue destruida.

¹⁰ El tercer ángel tocó la trompeta, y cayó del cielo una gran estrella, ardiendo como una antorcha, y cayó sobre la tercera parte de los

Palabras de vida

"silencio en el cielo"
Por primera vez en todo el libro, el cielo está en silencio, pero es simplemente la calma antes de la tormenta.

"siete trompetas"
Ahora el libro ha sido abierto para revelar siete juicios destructores. Otros juicios (los de las copas) continuarán en el capítulo 16.

"lanzados sobre la tierra"
El período de intercesión llega a su término cuando el incensario que una vez contuvo las oraciones de los santos es arrojado a la tierra.

"se quemó"
El mismo Dios que creó por la palabra ahora "descrea" una cosa por vez por mandato suyo.

"Ajenjo"
El ajenjo es una planta muy amarga, aunque no venenosa, hecha famosa como nombre del pequeño diablo en el libro de C.S. Lewis, *Screwtape Letters* [Cartas de un diablo a su sobrino].

"no hubiese luz"
Dios había prometido a Noé que el día y la noche se repetirían sin fin mientras la tierra existiera. En este momento, la tierra deja de existir.

Palabra clave
"morar"

El verbo griego *katoikeo* está compuesto por dos palabras: la preposición *kata*, que significa *abajo*, y el verbo *oikeo*, que significa *morar* o *vivir en una casa*. En Apocalipsis, *katoikeo* siempre se usa en sentido negativo para describir a los habitantes de la tierra que se han vuelto hostiles a Dios. La frase "los que moran en la tierra" (o similar) aparece doce de las trece veces en que se usa *katoikeo* en Apocalipsis (3:10; 6:10; 8:13; 11:10; 13:8,12,14; 17:2,8).

ríos, y sobre las fuentes de las aguas. [11]Y el nombre de la estrella es **Ajenjo**. Y la tercera parte de las aguas se convirtió en ajenjo; y muchos hombres murieron a causa de esas aguas, porque se hicieron amargas.

[12]El cuarto ángel tocó la trompeta, y fue herida la tercera parte del sol, y la tercera parte de la luna, y la tercera parte de las estrellas, para que se oscureciese la tercera parte de ellos, y **no hubiese luz** en la tercera parte del día, y asimismo de la noche.

[13]Y miré, y oí a un ángel volar por en medio del cielo, diciendo a gran voz: ¡Ay, ay, ay, de los que **moran** en la tierra, a causa de los otros toques de trompeta que están para sonar los tres ángeles!

Reflexión para los últimos tiempos

¿Comprende plenamente el peligro que corren sus amigos no salvos? ¿Lo suficiente como para advertirles?

Tentar a la serpiente de cascabel

APOCALIPSIS 9

Uno de los episodios de la serie de televisión de vaqueros *Gunsmoke* presentaba a un vendedor ambulante que viajaba de pueblo en pueblo con una gran serpiente de cascabel en una jaula de cristal. Él recogía apuestas a que nadie era capaz de poner su mano en el cristal y mantenerla allí cuando la serpiente atacaba.

Los crédulos ciudadanos apostaban contra sus propios conciudadanos que se ofrecían como voluntarios para demostrar su valentía. Después de recoger todas las apuestas, el vendedor ambulante destapaba la jaula de cristal, dejando ver un inmenso reptil que se enroscaba y hacía zumbar su cascabel. El hombre acercaba su mano al cristal y la serpiente se enroscaba aún más. Tan pronto como la mano tocaba el cristal, la serpiente atacaba con furia y, de forma involuntaria y automática, el hombre apartaba rápidamente su mano. El vendedor recogía su dinero de las apuestas y se marchaba al siguiente pueblo. Él sabía que el cristal aguantaría, y que no había nada que temer excepto al temor mismo. Jugaba con ese temor para ganarse la vida.

Esa historia es una estupenda imagen de la guerra espiritual. La serpiente representa al diablo y las fuerzas del mal. El cristal representa a Jesús. Mientras permanezcamos en el lado correcto del cristal, no tenemos nada que temer. El peligro real está al acecho del otro lado del cristal, pero estamos seguros a pesar de lo espantosas que puedan parecer las cosas (Max Anders, *Spiritual Warfare* [Guerra espiritual]).

Mantener una interpretación equilibrada del poder real de la maldad sobrenatural es un desafío, aunque limitado. C.S. Lewis escribió en *The Screwtape Letters* [Cartas de un diablo a su sobrino]: "Existen dos errores iguales y contrarios en los que nuestra raza puede caer acerca de los demonios. Uno es no creer en su existencia. El otro es creer y sentir un interés excesivo y enfermizo por ellos. Ellos están igualmente contentos con ambos errores, y aclaman al materialista o al mago con el mismo entusiasmo".

Podemos llegar a poner demasiado énfasis en lo demoníaco, afirmando que "el diablo me obligó a hacerlo"; o podemos ver demonios detrás de cada situación dolorosa de la vida. El testimonio de Apocalipsis 9 es que los demonios son reales y poderosos; sin embargo, Jesús también es real y más poderoso.

Todas estas palabras acerca del diablo y los demonios pueden tentar a alguno de nosotros a ignorar por completo lo demoníaco, a creer que lo que no podemos ver no puede hacernos daño. Sin embargo, la Biblia nos enseña que estamos en una batalla, que debemos permanecer en alerta constante contra la realidad de la influencia demoníaca (1 Ped. 5:8), que debemos ponernos la armadura espiritual: una metáfora para vivir en fe y obediencia a Cristo. Efesios 6:11 dice: "Vestíos de toda la armadura de Dios, para que podáis estar firmes contra las asechanzas del diablo", y Santiago 4:7 nos instruye: "Resistid al diablo, y huirá de vosotros".

Vigilancia. Armadura. Resistencia.

Estas son las claves para la guerra espiritual eficaz.

Oración

Señor Dios, reclamo tu promesa de protección de los ataques directos de los espíritus malignos hoy y siempre.
Gracias, Dios, por tu protección celestial.

Capítulo 9

Panorama

Hasta ahora, los seres humanos solo han sufrido daño en forma indirecta por la furia de los juicios de la trompeta. Los juicios siguientes, sin embargo, son un golpe directo.

¹ El quinto ángel tocó la trompeta, y vi una **estrella que cayó** del cielo a la tierra; y se le dio la llave del pozo del abismo. ²Y abrió el pozo del abismo, y subió humo del pozo como humo de un gran horno; y se oscureció el sol y el aire por el humo del pozo. ³Y del humo salieron langostas sobre la tierra; y se les dio poder, como tienen poder los escorpiones de la tierra. ⁴Y se les mandó que no dañasen a la hierba de la tierra, ni a cosa verde alguna, ni a ningún árbol, sino **solamente a los hombres** que no tuviesen el sello de Dios en sus frentes. ⁵Y les fue dado, no que los matasen, sino que los atormentasen cinco meses; y su tormento era como tormento de escorpión cuando hiere al hombre. ⁶Y en aquellos días los hombres buscarán la muerte, pero no la hallarán; y ansiarán morir, pero la muerte huirá de ellos.

⁷ El aspecto de las langostas era semejante a caballos preparados para la guerra; en las cabezas tenían como coronas de oro; sus caras eran como caras humanas; ⁸tenían cabello como cabello de mujer; sus dientes eran como de leones; ⁹tenían corazas como corazas de hierro; el ruido de sus alas era como el estruendo de muchos carros de caballos corriendo a la batalla; ¹⁰tenían colas como de escorpiones, y también aguijones; y en sus colas tenían poder

Palabras de vida

"estrella que cayó"

Probablemente un ángel. Y volveremos a ver al mismo con la misma llave en el capítulo 20, esta vez para cerrar el abismo.

"solamente a los hombres"

Estos demonios devoradores son tan poderosos que pueden dañar a los humanos y dejar intacta la hierba que hay bajo los pies de ellos.

"ángel del abismo"

Por primera vez (aunque no la última) en Apocalipsis, la palabra *ángel* se aplica a los seres sobrenaturales malvados.

"Eufrates"

Este río marcaba la frontera de Israel en el Antiguo Testamento con el extremo remoto del Imperio Romano. Cuando un ejército que avanzaba llegaba hasta allí, significaba que había problemas.

"doscientos millones"

Esta es la cifra exacta más grande que se encuentra en el Nuevo Testamento. Ningún ejército humano ha alcanzado jamás este tamaño.

"ni aun así se arrepintieron"

No hay nada más trágico que una persona esté tan endurecida por el pecado que aun mirando a la muerte de frente, rechace la gracia de Dios.

Palabra clave
"abismo"

El sustantivo griego *abussos* viene de la palabra *bussos* (también se deletrea *buthos*), con el significado de *profundidad* o *fondo* y de la letra *alpha,* que le da el sentido de negación. Por tanto, *abussos* se refiere a algo sin profundidad ni fondo, un agujero o precipicio sin fondo. En Apocalipsis, *abussos* tiene tres connotaciones. Se refiere al ámbito actual similar a la cárcel de cierto tipo de demonios (9:1-2,11), al lugar de origen de la bestia (11:7; 17:8) y al lugar del encarcelamiento de Satanás durante el milenio (20:1,3).

para dañar a los hombres durante cinco meses. ¹¹Y tienen por rey sobre ellos al **ángel del abismo**, cuyo nombre en hebreo es Abadón, y en griego, Apolión. ¹²El primer ay pasó; he aquí, vienen aún dos ayes después de esto.

¹³El sexto ángel tocó la trompeta, y oí una voz de entre los cuatro cuernos del altar de oro que estaba delante de Dios, ¹⁴diciendo al sexto ángel que tenía la trompeta: Desata a los cuatro ángeles que están atados junto al gran río Eufrates. ¹⁵Y fueron desatados los cuatro ángeles que estaban preparados para la hora, día, mes y año, a fin de matar a la tercera parte de los hombres. ¹⁶Y el número de los ejércitos de los jinetes era **doscientos millones**. Yo oí su número. ¹⁷Así vi en visión los caballos y a sus jinetes, los cuales tenían corazas de fuego, de zafiro y de azufre. Y las cabezas de los caballos eran como cabezas de leones; y de su boca salían fuego, humo y azufre. ¹⁸Por estas tres plagas fue muerta la tercera parte de los hombres; por el fuego, el humo y el azufre que salían de su boca.

¹⁹Pues el poder de los caballos estaba en su boca y en sus colas; porque sus colas, semejantes a serpientes, tenían cabezas, y con ellas dañaban. ²⁰Y los otros hombres que no fueron muertos con estas plagas, **ni aun así se arrepintieron** de las obras de sus manos, ni dejaron de adorar a los demonios, y a las imágenes de oro, de plata, de bronce, de piedra y de madera, las cuales no pueden ver, ni oír, ni andar; ²¹y no se arrepintieron de sus homicidios, ni de sus hechicerías, ni de su fornicación, ni de sus hurtos.

Reflexión para los últimos tiempos

Sí, hay demonios que están manos a la obra en este mundo pero, en Cristo, usted no tiene nada que temer.

Lo dulce junto con lo amargo

APOCALIPSIS 10

Mike y Trina son los cariñosos padres de Chris, un adolescente que está a punto de terminar sus estudios secundarios, y de Casey, que tiene doce años. Casey nació con una grave parálisis cerebral, la cual le provocó un retraso mental y tiene que estar siempre en silla de ruedas. Ella es una bendición para muchos que la conocen; sonríe y gorjea cuando la gente le presta atención. Y su madre, que es enfermera neonatal, me dijo: "A causa de Casey yo he podido aconsejar a muchos padres que acababan de enterarse de que su hijo recién nacido tenía una minusvalía física o mental. He podido dar testimonio del amor y la gracia de Cristo de maneras en que nunca habría podido de no haber sido por Casey. Cuando Dios nos la envió, puso a nuestro cuidado un precioso tesoro".

No obstante, Casey supone también una gran carga. Ella nunca llegará a caminar y la hora de la comida es un momento difícil. Sinceramente, es difícil mirar sus rasgos distorsionados. Necesita una persona que se ocupe de ella cuando Mike y Trina no están, y uno solo puede llegar a imaginarse la presión que este tipo de responsabilidad continua ejerce sobre su matrimonio. Muchas parejas, de hecho, no sobreviven al estrés que provoca un hijo con minusvalía. Cuando en una ocasión yo elogié a Mike por la forma en que él ha aceptado con alegría hacerse cargo de Casey, él me respondió: "No creo que tuviera posibilidad de elección. En realidad no había opción alguna".

Ellos conocen por experiencia la forma en que Juan debió de haberse sentido en Apocalipsis 10.

En la actualidad, nosotros no estamos en la misma situación en que estaba Juan cuando recibió directamente la Palabra de Dios. Sin embargo, todos los que conocen a Cristo y su Palabra deberían esperar que esa Palabra sea tanto dulce como amarga. Es cierto que se produce una hermosa dulzura al comprender que Dios nos ha dado su maravillosa Palabra. Es cierto que meditar en las verdades de la Escritura causa un gran deleite. Gracias a Dios por el aspecto "dulce en mi boca como la miel" de conocer la Palabra de Dios.

Algunas veces, sin embargo, según el plan de Dios, esa Palabra se convierte en una carga. Cuando compartimos el evangelio con personas que se niegan a creer en Cristo, experimentamos la amargura de la Palabra. Cuando llegamos a comprender que Dios permite que sus propios hijos sean probados, entendemos el aspecto amargo de la Palabra. Cuando reconocemos que la Palabra de Dios nos dice que el plan de Él para muchos de sus hijos es que sean mártires por causa de Cristo, y que aún más hijos suyos pasen por gran tribulación, podemos identificarnos con las palabras de Juan: "Amargó mi vientre".

Uno de los desafíos al que nos enfrentamos, según este capítulo de la Escritura, es aceptar lo amargo junto con lo dulce, lo agrio junto con lo agradable, lo triste junto con lo alegre. Cuando aceptemos ambos aspectos del impacto que la Palabra de Dios causa, entonces seremos completamente fieles a su Palabra.

Oración

Padre, ayúdame a darme cuenta de que tu Palabra puede
causar impacto en mi vida de forma dulce y también
amarga. Y ayúdame a ser lo bastante valiente como
para compartir tu Palabra con los demás cuando
esta alivia y también cuando duele.

Capítulo 10

Panorama

En los momentos más críticos de los juicios de las trompetas, otro intervalo deja el drama en suspenso, aunque no así la certeza del plan de Dios.

¹Vi descender del cielo a otro ángel fuerte, envuelto en una nube, con el arco iris sobre su cabeza; y su rostro era como el sol, y sus pies como columnas de fuego. ²Tenía en su mano un **librito** abierto; y puso su pie derecho sobre el mar, y el izquierdo sobre la tierra; ³y clamó a gran voz, como ruge un león; y cuando hubo clamado, **siete truenos** emitieron sus voces. ⁴Cuando los siete truenos hubieron emitido sus voces, yo iba a escribir; pero oí una **voz** del cielo que me decía: Sella las cosas que los siete truenos han dicho, y **no las escribas**.

⁵Y el ángel que vi en pie sobre el mar y sobre la tierra, levantó su mano al cielo, ⁶y juró por el que vive **por los siglos de los siglos**, que creó el cielo y las cosas que están en él, y la tierra y las cosas que están en ella, y el mar y las cosas que están en él, que **el tiempo** no sería más, ⁷sino que en los días de la voz del séptimo ángel, cuando él comience a tocar la trompeta, el misterio de Dios se consumará, como él lo anunció a sus siervos los profetas.

⁸La voz que oí del cielo habló otra vez conmigo, y dijo: Ve y toma el librito que está abierto en la mano del ángel que está en pie sobre el mar y sobre la tierra.

Palabras de vida

"librito"

Este no es el libro sellado del capítulo 5, sino un mensaje especial para Juan referente a las iglesias.

"siete truenos"

Esta es la única aparición en la Biblia de estos misteriosos seres que hablan. Quienquiera que sean, deben de ser increíbles.

"no escribas"

La Biblia no revela cada detalle de los juicios finales, pero podemos estar seguros de que nos da todo lo que necesitamos saber.

"por los siglos de los siglos"

Imagine la nueva relevancia que esta frase cobraría a la luz de la ahora obvia vulnerabilidad de la tierra.

"el tiempo"

Esta desconocida duración del tiempo hace que poner fechas a los tiempos del fin no sirva de nada. No obstante, se acerca el día en que todas las cosas ocurrirán una detrás de otra.

"toma, y cómelo"

Juan, un simple mortal, tiene acceso a este libro celestial, al igual que lo tenemos todos los que llevamos el mensaje de salvación y juicio.

Palabra clave
"VOZ"

El sustantivo griego *phone* se refiere normalmente al sonido del lenguaje corriente, pero también puede referirse a otros sonidos emitidos por la boca o a ruidos en general. El significado más común de *phone* es *voz* o *el sonido de una voz* (10:3-4, 7-8), pero también tiene otros usos, como para las notas de instrumentos musicales (8:13; 18:22). Algunas veces en Apocalipsis, *phone* se refiere a los estruendos de los truenos, que significan la presencia y el poder de Dios (4:5; 8:5; 11:19; 14:2; 16:18; 19:6).

[9]Y fui al ángel, diciéndole que me diese el librito. Y él me dijo: **Toma, y cómelo**; y te amargará el vientre, pero en tu boca será dulce como la miel.

[10]Entonces tomé el librito de la mano del ángel, y lo comí; y era dulce en mi boca como la miel, pero cuando lo hube comido, amargó mi vientre. [11]Y él me dijo: Es necesario que profetices otra vez sobre muchos pueblos, naciones, lenguas y reyes.

Reflexión para los últimos tiempos

La Palabra de Dios misma demostrará que es cierta a pesar de lo que la gente pueda pensar.

Cuando la verdad pasa a la acción

APOCALIPSIS 11

La World Wide Web y la Internet pasaron con mucha rapidez de ser algo de lo que la gente preguntaba: "¿Y eso qué es?" a ser conocidas universalmente durante los años noventa. Aun personas sin inteligencia para las computadoras enseguida pasaron a ser parte de la generación "punto com". La red se convirtió en una herramienta casi universal en la vida de las personas, dándoles la confianza de que se puede acceder prácticamente a todos los datos del mundo con solo hacer unos cuantos clics en la computadora.

Sin embargo, la Internet no ha ayudado a las personas a discernir la verdad. Todas las mentiras, los rumores y las falsas afirmaciones que uno pueda imaginarse han llegado por "www". La suciedad moral sale a raudales de miles de páginas web. Mientras que muchos han aclamado el increíble poder que ahora está disponible para ellos, las voces de alarma continúan señalando los errores de hecho en su instrumentación, que posibilitaron la bancarrota moral del sistema a través de la red.

La Internet ilustra de manera muy gráfica lo que ocurre cuando el poder inmenso es neutral en cuanto a la verdad y la moralidad. Hace mucho ruido y atrae la atención, ¿pero a qué costo para sí mismo y para la cultura? Sin embargo, cuántas veces los cristianos de hoy han pintado el cuadro contrario: la verdad sin ningún poder que la acredite. Este capítulo de Apocalipsis nos insta a observar que la intención de Dios es que su verdad sea proclamada con poder.

Nuestro mundo cree que la Internet es estupenda. Cuando llegó el cristianismo hace 2000 años, dentro del corazón de solo unos cuantos seguidores de Jesús, ¿quién podría haber imaginado que tendrían poder para extenderlo por un mundo desconocido y cambiar el curso de la historia por más de 2000 años? Quizá aun en la actualidad estemos en la antesala de nuevas y poderosas manifestaciones de la verdad del evangelio que causarán impacto en el mundo de tal forma que harán parecer que la Internet es una moda pasajera.

¿Necesitamos esperar hasta entonces para ver la poderosa verdad de Dios proclamada en un mundo que a veces cuestiona si hay o no tal verdad? El evangelio es una palabra de parte de Dios, y su Espíritu la hace posible. Cuando el pueblo de Dios la proclama, nadie puede detenerla sin permiso divino.

Debemos permanecer firmes. Firmes en que la Palabra de Dios es verdad para un mundo que ha negado la verdad. Firmes en que Dios tiene todo el poder del universo para hacer que su verdad sea manifestada en forma poderosa. Firmes en que Dios quiere que su iglesia sea un agente de la verdad y el poder de Él.

El mundo ha visto el poder sin la verdad, y está impresionado. El mundo ha visto la verdad sin el poder, y la ha ignorado. ¿Pero qué haría este mundo si la verdad estuviera unida a un poder divino inconfundible? El mundo está esperando —de hecho, está anhelando— verlo.

Oración

Señor, Dios de Moisés y de Elías, levanta profetas de fuego para nuestros días. Si quieres llamarme a mí para llevar a cabo esa tarea, aquí estoy; envíame a mí. Estaré dispuesto a pagar el precio.

Capítulo 11

Panorama

Juan describe los días del fin, justo antes de que la última trompeta proclame que el tiempo llega a su fin.

¹Entonces me fue dada una caña semejante a una vara de medir, y se me dijo: Levántate, y mide el templo de Dios, y el altar, y a los que adoran en él. ²Pero el patio que está fuera del templo déjalo aparte, y no lo midas, porque ha sido entregado a los gentiles; y ellos hollarán la ciudad santa **cuarenta y dos meses.** ³Y daré a mis dos testigos que profeticen por mil doscientos sesenta días, vestidos de cilicio. ⁴Estos testigos son los dos olivos, y los **dos candeleros** que están en pie delante del Dios de la tierra. ⁵Si alguno quiere dañarlos, sale fuego de la boca de ellos, y devora a sus enemigos; y si alguno quiere hacerles daño, debe morir él de la misma manera. ⁶Estos tienen poder para cerrar el cielo, a fin de que no llueva en los días de su profecía; y tienen poder sobre las aguas para convertirlas en sangre, y para herir la tierra con toda plaga, cuantas veces quieran.

⁷Cuando hayan acabado su testimonio, la **bestia** que sube del abismo hará guerra contra ellos, y los vencerá y los matará. ⁸Y sus cadáveres estarán en la plaza de la grande ciudad que en sentido espiritual se llama **Sodoma y Egipto,** donde también nuestro Señor fue crucificado. ⁹Y los de los pueblos, tribus, lenguas y naciones verán sus cadáveres por **tres días y medio,** y no permitirán que sean sepultados. ¹⁰Y los moradores de la tierra se regocijarán sobre ellos y se alegrarán, y se enviarán regalos unos a otros; porque estos dos profetas habían atormentado a los moradores de la tierra.

¹¹Pero después de tres días y medio entró en ellos el espíritu de vida enviado por Dios, y se levantaron sobre sus pies, y cayó gran temor sobre los que los vieron. ¹²Y oyeron una gran voz del cielo, que les decía: Subid acá. Y subieron al cielo en una nube; y sus enemigos los vieron. ¹³En aquella hora hubo un gran terremoto, y la décima parte de la ciudad se derrumbó, y por el terremoto murieron en número de siete mil hombres; y los demás se aterrorizaron, y dieron **gloria al Dios** del cielo. ¹⁴El segundo ay pasó; he aquí, el tercer ay viene pronto.

Palabra clave
"bestia"

El sustantivo griego *therion* significa *bestia, criatura* o *animal*. Sin embargo, Apocalipsis lo usa con referencia a animales reales solamente en dos ocasiones (6:8; 18:2). En el resto de los casos, *therion* es una personificación gráfica del líder del mal de un imperio dirigido por Satanás (11:7; 13:1-18; 17:3-17; 19:19) o de su secuaz, el falso profeta (13:11-17; 16:13). Apocalipsis 19:20 indica que *therion* puede referirse a una persona individual, ya que la bestia y el falso profeta son lanzados al lago de fuego.

[15]El séptimo ángel tocó la trompeta, y hubo grandes voces en el cielo, que decían:

Los reinos del mundo han venido a ser de nuestro Señor y de su Cristo; y él reinará por los siglos de los siglos.

[16]Y los veinticuatro ancianos que estaban sentados delante de Dios en sus tronos, se postraron sobre sus rostros, y adoraron a Dios, [17]diciendo:

Te damos gracias, Señor Dios Todopoderoso,
el que eres y que eras y que has de venir,
porque has tomado tu gran poder, y has reinado.
[18]Y se airaron las naciones, y tu ira ha venido,
y el tiempo de juzgar a los muertos,
y de dar el galardón a tus siervos los profetas,
a los santos, y a los que temen tu nombre,
a los pequeños y a los grandes,
y de destruir a los que destruyen la tierra.

Palabras de vida

"cuarenta y dos meses"

Es igual a los 1260 días en el versículo siguiente, y representa un limitado período de tiempo de intenso sufrimiento.

"Sodoma y Egipto"

Sodoma, el prototipo de lo pecaminoso, una ciudad buscadora del placer. Y Egipto, donde el pueblo de Dios había sido esclavizado.

"gloria a Dios"

Las palabras correctas, pero el corazón equivocado: una persona que admite lo que es obvio con los dientes apretados, los ojos inyectados en sangre y el puño en alto.

"dos candeleros"

Esta imagen utilizada para las siete iglesias en el capítulo 1 podría significar que los dos testigos representan iglesias.

"tres días y medio"

El ministerio de los testigos duró 3 años y medio, y sus muertes 3 días y medio: el símbolo numérico de lo incompleto, o la mitad de siete.

"arca de su pacto"

Se había perdido para la historia seis siglos antes de Cristo. Aquí, en su forma celestial, está la prueba inamovible de las inquebrantables promesas de Dios.

[19]Y el templo de Dios fue abierto en el cielo, y el **arca de su pacto** se veía en el templo. Y hubo relámpagos, voces, truenos, un terremoto y grande granizo.

Reflexión para los últimos tiempos

El pueblo de Dios existe en todos los tiempos para proclamar la Palabra de Dios cueste lo que cueste.

Atravesar la oscuridad

APOCALIPSIS 12

E l novelista norteamericano Frank Peretti provocó sensación entre muchos creyentes evangélicos a fines de la década del 80. Dos de sus libros, *This Present Darkness* [La oscuridad actual] (1986) y *Piercing the Darkness* [Atravesar la oscuridad] (1989) describían las idas y venidas de héroes cristianos de ficción. Sus obras se describían en gran parte como la consecuencia de una guerra espiritual continua e invisible entre ángeles y demonios sobre el planeta Tierra. La finalidad principal de Peretti al escribir fue la de hacer un fuerte énfasis en que los ángeles y los demonios son seres personales reales que tienen influencia en los acontecimientos de la tierra. Sus tiernas descripciones de los ángeles me hicieron anhelar tener un encuentro con ellos; cuando hablaba de los demonios, me daba escalofríos pensar en el hedor del infierno relacionado con esas criaturas parecidas a los murciélagos.

Recuerdo claramente las discusiones que yo tenía con mis alumnos cuando las obras de Peretti fueron publicadas por primera vez. ¿Había ido demasiado lejos al intentar hacer visible el mundo invisible? ¿Era su teología de la guerra espiritual realmente bíblica? ¿Son los ángeles en realidad tan poderosos? ¿Funciona el mundo espiritual de la forma en que lo hace en la ficción de Peretti? Finalmente llegamos a la conclusión de que, en última instancia, sea o no de la manera en que Peretti lo retrató, él nos había obligado a enfrentarnos cara a cara con verdades que creíamos pero en las que pocas veces pensábamos: los ángeles son seres espirituales reales que sirven a Dios y los demonios son seres espirituales reales que sirven al mal. Ambos están implicados de manera activa en los asuntos de la tierra. La guerra entre el bien y el mal es más complicada de lo que parece.

Apocalipsis 12 funciona de forma similar. Comienza un gran drama celestial que sirve como intervalo épico entre el terror de las trompetas y los juicios que están por venir. Retrata a un diablo real y personal que odia a Dios y que hará todo lo que pueda para que haya guerra contra el pueblo de Dios. ¿Pero sabe usted algo? El pueblo de Dios es tan real como lo es el diablo. Dios ve y conoce a sus hijos, y promete protegerlos a medida que ellos luchan contra el diablo. El héroe final del drama es Jesús, quien gobernará las naciones con cetro de hierro.

Aun en nuestro actual mundo visible, lo más real acerca de nuestra existencia es la eterna batalla del pueblo de Dios contra el diablo. Y a lo largo de la historia humana, la forma en que el pueblo de Dios ha atravesado la oscuridad ha sido guardando los mandamientos de Dios y teniendo un testimonio firme (v 17).

Como creyente en Cristo, atraviese su propia oscuridad recordando que lo que cuenta es su obediencia a Dios. Tome eso como una oportunidad para evaluar si está siendo fiel a sus enseñanzas. Comprométase a tratar en forma concreta las áreas de su vida en las que su obediencia podría ser más completa. Pida a Dios que le muestre cómo aferrarse más firmemente a Jesús y cómo dar testimonio a otros de que Él es el verdadero Gobernador del universo.

Oración

Señor, ayúdame a conquistar al diablo guardando
tus mandamientos y teniendo un testimonio firme.
Oro así a causa de mi fe en la poderosa sangre
del Cordero, la cual asegura mi victoria.

Capítulo 12

Acomódese para ver el acto de apertura de un drama en dos partes, la historia de un gran conflicto espiritual con consecuencias eternas.

[1] Apareció en el cielo una gran señal: una mujer **vestida del sol**, con la luna debajo de sus pies, y sobre su cabeza una corona de doce **estrellas**. [2] Y estando encinta, clamaba con dolores de parto, en la angustia del alumbramiento. [3] También apareció otra señal en el cielo: he aquí un gran dragón escarlata, que tenía siete cabezas y diez cuernos, y en sus cabezas siete diademas; [4] y su cola arrastraba la tercera parte de las estrellas del cielo, y las arrojó sobre la tierra. Y el dragón se paró frente a la mujer que estaba para dar a luz, a fin de **devorar a su hijo** tan pronto como naciese. [5] Y ella dio a luz un hijo varón, que regirá con vara de hierro a todas las naciones; y su hijo fue arrebatado para Dios y para su trono. [6] Y la mujer huyó al desierto, donde tiene lugar preparado por Dios, para que allí la sustenten por mil doscientos sesenta días.

[7] Después hubo una gran batalla en el cielo: **Miguel** y sus ángeles luchaban contra el dragón; y luchaban el dragón y sus ángeles; [8] pero no prevalecieron, ni se halló ya lugar para ellos en el cielo. [9] Y fue lanzado fuera el gran dragón, la serpiente antigua, que se llama **diablo y Satanás**, el cual engaña al mundo entero; fue arrojado a la tierra, y sus ángeles fueron arrojados con él.

[10] Entonces oí una gran voz en el cielo, que decía:

Palabras de vida

"vestida de sol"
Es la forma en que Dios ve a su pueblo: tan glorioso como el sol, tan hermoso como una noche bajo las estrellas.

"devorar a su hijo"
El rencor de Satanás que fue predicho en Génesis 3:15 se extiende desde el huerto del Edén al lago de fuego. ¿Lo recuerda tratando de matar a todos los bebés varones en Belén?

"Miguel"
El resto de los pasajes bíblicos (en Daniel y Judas) que lo mencionan por nombre, confirman su papel de ángel guerrero.

"diablo y Satanás"
Diablo es la palabra griega que significa *calumniador*. Satanás es una palabra hebrea que significa *adversario*. Él es esas dos cosas a la vez.

"desierto"
Dios, en su soberanía, permite que el diablo llegue hasta ese punto pero no más allá. Él tiene formas de protegernos de la furia de Satanás.

"abrió su boca"
Dios hará todo lo que quiera para proteger a su pueblo, aun cuando signifique hacer que las fuerzas de la naturaleza lo ayuden.

Ahora ha venido la salvación, el
poder, y el reino de nuestro Dios,
y la autoridad de su Cristo;
porque ha sido lanzado fuera el
acusador de nuestros hermanos,
el que los acusaba delante de nuestro
Dios día y noche.

[11]Y ellos le han vencido por medio de
la sangre del Cordero
y de la palabra del testimonio de ellos,
y menospreciaron sus vidas hasta la
muerte.

[12]Por lo cual alegraos, cielos, y los que
moráis en ellos.
¡Ay de los moradores de la tierra y
del mar!
porque el diablo ha descendido a
vosotros con gran ira,
sabiendo que tiene poco tiempo.

Palabra clave
"estrella"

El sustantivo griego *aster* se usa de manera figurada en Apocalipsis para hablar de varias personas poderosas, tanto buenas como malas. Jesús es "la estrella resplandeciente de la mañana" (22:16) y las "siete estrellas" en su mano son ángeles (1:16, 20; 2:1; 3:1). Satanás dirige "la tercera parte de las estrellas del cielo" (12:4), probablemente ángeles que se rebelaron contra Dios. Él o uno de sus demonios es "la estrella… del cielo" que abre el abismo (9:1-2). Las "doce estrellas" de la corona de la mujer se refieren a las tribus de Israel (12:1-20; ver Génesis 37:9-10).

[13]Y cuando vio el dragón que había sido arrojado a la tierra, persiguió a la mujer que había dado a luz al hijo varón. [14]Y se le dieron a la mujer las dos alas de la gran águila, para que volase de delante de la serpiente al **desierto**, a su lugar, donde es sustentada por un tiempo, y tiempos, y la mitad de un tiempo. [15]Y la serpiente arrojó de su boca, tras la mujer, agua como un río, para que fuese arrastrada por el río. [16]Pero la tierra ayudó a la mujer, pues la tierra **abrió su boca** y tragó el río que el dragón había echado de su boca. [17]Entonces el dragón se llenó de ira contra la mujer; y se fue a hacer guerra contra el resto de la descendencia de ella, los que guardan los mandamientos de Dios y tienen el testimonio de Jesucristo.

Reflexión para los últimos tiempos

Ore por el pueblo de Dios como si no fuera a llegar el día de mañana, porque el diablo también está al acecho.

Evitar la marca de la bestia

APOCALIPSIS 13

Uno de los más destacados recorridos turísticos disponibles para quienes visitan Washington D.C. es la Oficina de Grabado e Impresión. Mi familia quedó fascinada al enterarse de cuál es el proceso mediante el cual se fabrica el papel moneda. Una importante tarea del gobierno es hacer que sea difícil falsificar el dinero. Muchos funcionarios del Ministerio de Hacienda pasan toda su carrera profesional siguiendo la pista al dinero falso. Un miembro de nuestro grupo preguntó al guía de turismo:

—¿Cuál es la mejor manera de evitar recibir billetes falsos?

La respuesta fue sencilla pero profunda.

—Simplemente aprenda a conocer las marcas de un billete verdadero. Entonces no tendrá ningún problema para detectar los falsos.

Esa pauta es válida para el capítulo 13 de Apocalipsis, que trata en su totalidad de un falso Jesús: un anticristo. En conversaciones que he mantenido con cristianos sinceros, ellos han mencionado que temen recibir algún día inconscientemente "la marca de la bestia". Algunos han eludido recibir los números de Seguridad Social de los Estados Unidos; otros han argumentado que los tatuajes en el cuerpo, debido a esta razón, son algo malo; y aun otros han intentado descifrar lo que podría ser literalmente la marca para así poder siempre evitar recibirla.

Todos esos procedimientos no comprenden cuál es el tema. En Apocalipsis, los redimidos, aquellos cuyos nombres están escritos en el libro de la vida, los que ya han recibido el sello de Dios que los marca como pueblo suyo, no tienen por qué preocuparse de ser sellados con la marca de la bestia. Debido a que tienen una relación auténtica con Jesús, el verdadero Cristo, nunca estarán en peligro de ser engañados por el simulado cristo de Satanás. Su relación íntima con Jesús los hace ser "a prueba de anticristos".

Que seamos o no la generación que verá la llegada del anticristo final está, en última instancia, en las manos de Dios y, sinceramente, no es asunto nuestro. En cambio, deberíamos preocuparnos acerca de los muchos anticristos que ya están obrando: los que utilizan la presión política, religiosa o económica para hacer que perdamos nuestra lealtad a Jesucristo. Esta fue la advertencia que Juan hizo en su primera Epístola: "Hijitos, ya es el último tiempo; y según vosotros oísteis que el anticristo viene, así ahora han surgido muchos anticristos; por esto conocemos que es el último tiempo" (1 Jn. 2:18).

Por lo tanto, ¿cómo puede usted evitar ser marcado por la bestia de nuestros días? La respuesta es sencilla: mantenga una relación íntima con Jesús y nunca será engañado por quienes son imitaciones baratas de Él.

Oración

Señor, reconozco que cuando actúo por mí mismo, el diablo puede engañarme fácilmente. Ayúdame a comprometerme a una íntima y personal entrega a ti para así reconocer siempre los caminos de él.

Capítulo 13

Panorama

Este grandioso drama de las edades se convierte ahora en una historia de terror a gran escala, que presenta a los monstruos finales de poder y corrupción.

¹Me paré sobre la arena del mar, y vi subir del mar una **bestia** que tenía siete cabezas y diez cuernos; y en sus cuernos diez diademas; y sobre sus cabezas, un nombre blasfemo. ²Y la bestia que vi era semejante a un leopardo, y sus pies como de oso, y su boca como boca de león. Y el dragón le dio su poder y su trono, y grande autoridad. ³Vi una de sus cabezas como **herida de muerte**, pero su herida mortal fue sanada; y se maravilló toda la tierra en pos de la bestia, ⁴y adoraron al dragón que había dado autoridad a la bestia, y adoraron a la bestia, diciendo: ¿Quién como la bestia, y quién podrá luchar contra ella?

⁵También se le dio boca que hablaba grandes cosas y blasfemias; y se le dio autoridad para actuar **cuarenta y dos meses**. ⁶Y abrió su boca en blasfemias contra Dios, para blasfemar de su nombre, de su tabernáculo, y de los que moran en el cielo. ⁷Y se le permitió hacer guerra contra los santos, y vencerlos. También se le dio autoridad sobre toda tribu, pueblo, lengua y nación. ⁸Y la adoraron todos los moradores de la tierra cuyos nombres no estaban escritos en el libro de la vida del Cordero que fue inmolado desde el **principio del mundo**.

Palabras de vida

"bestia… otra bestia"

Vea a los secuaces de Satanás: puro poder político encarnado en el anticristo; engaño religioso encarnado en el falso profeta.

"herida de muerte"

Esta es una copia falsa del Cordero inmolado en 5:6, solo que esta vez es una malvada parodia del verdadero Cristo.

"cuarenta y dos meses"

Continúe tomando nota de los límites que Dios establece para este período de maldad. Si el diablo estuviera a cargo, podría apostar a que duraría mucho más tiempo.

"principio del mundo"

Aun en medio de tan aterrador engaño, el plan de Dios se sitúa por encima de esas mentes maníacas.

"semejantes a los de un cordero"

Todo lo relacionado con estos tres personajes: el Anticristo, el falso profeta y el diablo, es un simulacro, una imitación barata de la Trinidad.

"aliento a la imagen"

Los ventrílocuos ya hacían hablar a los ídolos en tiempos de Juan. Imagine la maravilla de la técnica que proporcionará a esta imagen de los últimos tiempos una realidad virtual.

Palabra clave
"666"

El hebreo y el griego (entre otros idiomas) se usaban en la antigua práctica de la *gematria* para asignar un valor numérico a cada una de las letras del alfabeto. Por lo tanto, el valor numérico de una palabra (como el nombre de una persona) podía ser determinado hallando la suma de los valores numéricos de todas sus letras. Apocalipsis se refiere específicamente al "número de su nombre (el de la bestia)" (13:17; 15:2); por tanto, el número 666 en el versículo 13:18 simplemente proporciona una manera críptica de identificar a la bestia.

[9] Si alguno tiene oído, oiga.

[10] Si alguno lleva en cautividad, va en cautividad;
si alguno mata a espada,
a espada debe ser muerto.

Aquí está la paciencia y la fe de los santos. [11] Después vi **otra bestia** que subía de la tierra; y tenía dos cuernos **semejantes a los de un cordero**, pero hablaba como dragón. [12] Y ejerce toda la autoridad de la primera bestia en presencia de ella, y hace que la tierra y los moradores de ella adoren a la primera bestia, cuya herida mortal fue sanada. [13] También hace grandes señales, de tal manera que aun hace descender fuego del cielo a la tierra delante de los hombres. [14] Y engaña a los moradores de la tierra con las señales que se le ha permitido hacer en presencia de la bestia, mandando a los moradores de la tierra que le hagan imagen a la bestia que tiene la herida de espada, y vivió. [15] Y se le permitió infundir **aliento a la imagen** de la bestia, para que la imagen hablase e hiciese matar a todo el que no la adorase. [16] Y hacía que a todos, pequeños y grandes, ricos y pobres, libres y esclavos, se les pusiese una marca en la mano derecha, o en la frente; [17] y que ninguno pudiese comprar ni vender, sino el que tuviese la marca o el nombre de la bestia, o el número de su nombre. [18] Aquí hay sabiduría. El que tiene entendimiento, cuente el número de la bestia, pues es número de hombre. Y su número es **seiscientos sesenta y seis**.

Reflexión para los últimos tiempos

Usted necesita discernimiento, y lo necesita ahora. Lo hallará si pasa mucho tiempo con el verdadero: con Jesús.

La siega final

APOCALIPSIS 14

M e crié en Oklahoma, un estado que está entre los grandes productores de trigo de toda Norteamérica. No hay nada más impresionante que el panorama del grano dorado que se extiende hasta tan lejos como alcanza la vista. Aun ahora, puedo instantáneamente traer a mi memoria la imagen de los campos de grano que son segados por ocho, diez, y aun una docena de cosechadoras a la vez; un trabajo que habría necesitado de cientos de hombres para ser realizado hace dos siglos.

En el capítulo 14 de Apocalipsis, todos los pueblos del mundo son clasificados como grano o como uvas. El grano se recoge y se guarda; las uvas se pisan en el lagar. Sin duda alguna, cualquiera que lea este capítulo querrá ser parte de la cosecha, y no parte de la vendimia. El desafío es vivir la vida ahora para estar listo para la cosecha.

Imagínese a usted mismo como un tallo lleno de grano. Nunca habría tenido vida si el granjero no lo hubiera plantado. Ha pasado por el círculo de la vida adecuado, ha crecido y ha producido maduros granos de trigo. Ahora todo está listo y, al fin, llega el día de la siega. Usted es recogido y llevado al granero del terrateniente. Usted ha cumplido con el propósito de su existencia.

Lo mismo ocurre con nuestra vida cristiana. Nunca habríamos tenido vida si Cristo no nos hubiera comprado. Demostramos que somos el pueblo de Dios viviendo vidas santas de obediencia y pureza, y estamos listos para que llegue el día de la siega. Ya sea por la muerte de nuestro cuerpo o por el regreso de Cristo, seremos recogidos y llevados ante su presencia. Esto cumplirá plenamente el propósito de nuestra existencia.

El escritor de himnos Henry Alford, nacido en el siglo XIX, lo expresó muy bien en la canción que por lo general cantamos durante el período de Acción de Gracias: "Elevemos al Creador". Vuelva a leer los versos de la última estrofa:

Ven, Señor, a recoger
La cosecha de tu haber;
Junta al pueblo en tu alfolí,
Tenlo siempre unido a ti.
Libre ya de su pecar
Y sin penas que pasar;
Ven, levanta, oh Señor,
La cosecha de tu amor.

Oración

*Señor Jesús, gracias porque todos aquellos a quienes redimes
llegarán seguros al cielo. Me comprometo a vivir mi vida
ahora en santidad y pureza. Anhelo el día en que
vendrás y llevarás tu cosecha al hogar.*

Capítulo 14

Panorama

La primera parte de este drama alcanza su conclusión gráfica al encontrarse toda la humanidad dividida en dos bandos muy diferentes.

¹Después miré, y he aquí el Cordero estaba en pie sobre el **monte de Sión**, y con él ciento cuarenta y cuatro mil, que tenían el nombre de él y el de su Padre escrito en la frente. ²Y oí una voz del cielo como estruendo de muchas aguas, y como sonido de un gran trueno; y la voz que oí era como de arpistas que tocaban sus arpas. ³Y cantaban un cántico nuevo delante del trono, y delante de los cuatro seres vivientes, y de los ancianos; y nadie podía aprender el cántico sino aquellos ciento cuarenta y cuatro mil que fueron redimidos de entre los de la tierra. ⁴Estos son los que no se contaminaron con mujeres, pues son **vírgenes**. Estos son los que siguen al Cordero por dondequiera que va. Estos fueron redimidos de entre los hombres como primicias para Dios y para el Cordero; ⁵y en sus bocas no fue hallada mentira, pues son sin mancha delante del trono de Dios.

⁶Vi volar por en medio del cielo a otro ángel, que tenía el **evangelio eterno** para predicarlo a los moradores de la tierra, a toda nación, tribu, lengua y pueblo, ⁷diciendo a gran voz: Temed a Dios, y dadle gloria, porque la hora de su juicio ha llegado; y **adorad a aquel que hizo** el cielo y la tierra, el mar y las fuentes de las aguas.

⁸Otro ángel le siguió, diciendo: Ha caído, ha caído Babilonia, la gran ciudad, porque ha hecho beber a todas las naciones del vino del furor de su fornicación.

⁹Y el tercer ángel los siguió, diciendo a gran voz: Si alguno adora a la bestia y a su imagen, y recibe la marca en su frente o en su mano, ¹⁰él también beberá del vino de la ira de Dios, que ha sido vaciado puro en el cáliz de su ira; y será atormentado con fuego y azufre delante de los santos ángeles y del Cordero; ¹¹y el humo de su tormento sube por los siglos de los siglos. Y **no tienen reposo** de día ni de noche los que adoran a la bestia y a su imagen, ni nadie que reciba la marca de su nombre. ¹²Aquí está la paciencia de los santos, los que guardan los mandamientos de Dios y la fe de Jesús.

¹³Oí una voz que desde el **cielo** me decía: Escribe: Bienaventurados de aquí en adelante los muertos que mueren en el Señor.

Palabra clave
"cielo"

El sustantivo griego *ouranos* básicamente significa *cielo* tanto en el Antiguo Testamento griego (traducido del hebreo *shemayin*) como en el Nuevo Testamento. En Apocalipsis, se considera primordialmente la ubicación celestial de la presencia manifiesta de Dios, muy por encima de la tierra (4:2). Un uso especial de *ouranos* que aparece en Apocalipsis se refiere al cielo como el lugar de origen divino de ciertas cosas, como los ángeles y la nueva Jerusalén (3:12; 14:13; 18:1; 20:1; 21:2).

Sí, dice el Espíritu, descansarán de sus trabajos, porque sus obras con ellos siguen.

¹⁴ Miré, y he aquí una nube blanca; y sobre la nube uno sentado semejante al Hijo del Hombre, que tenía en la cabeza una corona de oro, y en la mano una hoz aguda. ¹⁵ Y **del templo** salió otro ángel, clamando a gran voz al que estaba sentado sobre la nube: Mete tu hoz, y siega; porque la hora de segar ha llegado, pues la mies de la tierra está madura. ¹⁶ Y el que estaba sentado sobre la nube metió su hoz en la tierra, y la tierra fue segada.

¹⁷ Salió otro ángel del templo que está en el cielo, teniendo también una hoz aguda. ¹⁸ Y salió del altar otro ángel, que tenía poder sobre el fuego, y llamó a gran voz al que tenía la hoz aguda, diciendo: Mete tu hoz aguda, y vendimia los racimos de la tierra, porque sus uvas están maduras. ¹⁹ Y el ángel arrojó su hoz en la tierra, y vendimió la viña de la tierra, y echó las uvas en el gran lagar de la ira de Dios. ²⁰ Y fue pisado el lagar fuera de la ciudad, y del lagar salió sangre hasta los frenos de los caballos, por mil seiscientos estadios.

Palabras de vida

"monte de Sión"

En contraste con el diablo que está sobre "la arena del mar" en 13:1, Jesús está plantado sobre el inamovible monte de Dios.

"evangelio eterno"

Su mensaje no es el evangelio de la muerte y la resurrección de Cristo, sino las buenas nuevas (para los creyentes) de que el fin ya ha llegado.

"no tienen reposo"

Para los que no se han arrepentido, una eternidad para lamentar su decisión: dolor sin misericordia y ni aun la muerte para hallar alivio.

"vírgenes"

Más que la pureza sexual, este término representa la pureza espiritual de los que han permanecido fieles a Dios.

"adorad a aquel que hizo..."

Aun aquellos que no se someten a Dios como Señor, algún día hallarán difícil negar que Él es, al menos, quien está en el control.

"del templo"

Jesús había dicho que Él no sabía el día ni la hora de su regreso. Justo en este punto, el ángel le comunica la palabra del Padre. "Bien, Hijo. Ha llegado la hora".

Reflexión para los últimos tiempos

Estamos destinados a una eternidad en pura santidad.
Comience a practicarla aquí y ahora.

El cántico del Cordero

APOCALIPSIS 15

Mi mamá es una de las personas más parecidas a Cristo que jamás he conocido. Toda la vida ha sido miembro de la iglesia y asistente fiel, por años ha cantado fielmente todos los cantos del bien conocido himnario desde su asiento en el cuarto banco. Ella, más que ninguna otra persona, me enseñó la importancia de cantar con alegría en la adoración. Me enseñó mediante su ejemplo que eso es sencillamente algo que el pueblo de Dios hace: le adoran a Él con el canto.

Ahora bien, la voz de mi mamá nunca fue entrenada musicalmente; su voz de contralto es a veces plana y falta de melodía. Jamás le pidieron que se uniese al coro; de hecho, una de sus frases favoritas es: "Debo de tener mucha música dentro de mí, porque nunca ha salido fuera nada de ella".

No obstante, mi mamá canta muy bien "el cántico del Cordero". No quiero decir que lo haga con sus labios físicos, sino con el corazón. Puede que la letra y la melodía cambien, pero sigue siendo la misma canción. Puede que pasen los años y que las circunstancias varíen de la alegría a la tristeza, pero el cántico sigue resonando. Puede que la gente se ría y que el mundo la ignore, pero está bien. El cántico no se canta para ellos, sino para una audiencia de una sola Persona, para un trono celestial con un destinatario digno.

Si usted tiene problemas para entonar "el cántico del Cordero", quizá este anticuado extracto de la obra de George Mueller, poderoso cristiano de una generación anterior, le ayude:

"¿Es capaz de decir, por el conocimiento que ha adquirido de Dios, que Él es un ser adorable? Si no es así, permítame que le suplique afectuosamente que le pida a Dios que le haga llegar a ese punto, para que pueda usted admirar la ternura y la bondad de Él, para que sea usted capaz de decir cuán bueno es Él y qué alegría es para el corazón de Dios hacer el bien a sus hijos. Ahora bien, cuanto más nos acerquemos a esto en lo más profundo de nuestras almas, más preparados estaremos para abandonarnos en manos de Él, satisfechos con la manera en que trata con nosotros. Y cuando lleguen las pruebas, diremos: 'Esperaré y veré lo que Dios va a hacer conmigo a través de esto, seguro de que lo hará'. De esta manera daremos un honorable testimonio ante el mundo, y fortaleceremos las manos de los demás".

Y continuaremos cantando, mientras Dios nos dé aliento.

Oración

Señor, anhelo el día en que estaré en el cielo contigo, pero decido no esperar a llegar allí para cantar para ti "el cántico del Cordero"; me propongo crecer como un adorador que cante durante mi vida aquí y ahora".

Capítulo 15

Panorama

El telón se abre en el segundo acto en este drama en dos partes, y quienes no estén listos para él serán derribados.

¹Vi en el cielo otra señal, grande y admirable: siete ángeles que tenían las siete plagas postreras; porque en ellas se consumaba la ira de Dios. ²Vi también como un mar de vidrio mezclado con fuego; y a los que habían alcanzado la **victoria** sobre la bestia y su imagen, y su marca y el número de su nombre, en pie sobre el mar de vidrio, con las **arpas de Dios**. ³Y cantan el cántico de Moisés siervo de Dios, y el cántico del Cordero, diciendo:

Grandes y maravillosas son tus obras, Señor Dios
    Todopoderoso;
justos y **verdaderos son tus caminos**, Rey de los santos.
⁴¿Quién no te temerá, oh Señor, y glorificará tu nombre?
pues sólo tú eres santo;
por lo cual todas las naciones vendrán y te adorarán,
porque tus juicios se han manifestado.

⁵Después de estas cosas miré, y he aquí fue abierto en el cielo el templo del **tabernáculo** del testimonio; ⁶y del **templo** salieron los siete ángeles que tenían las siete plagas, vestidos de lino limpio y

Palabras de vida

"victoria"

Piense en todo lo que los fieles han vencido: el poder político del anticristo, la opresión religiosa del falso profeta y la presión económica de los días finales.

"verdaderos son tus caminos"

Que aquellos que han soportado una persecución tras otra puedan seguir cantando esta sincera afirmación que da a la soberanía de Dios aún más peso.

"nadie podía entrar"

Para el acto final del juicio de la tierra, Dios se sienta a solas en perfecta santidad y soberanía, plenamente capaz y justificado para cosechar su justa venganza.

"arpas de Dios"

Este es el único versículo que menciona a seres humanos tocando arpas en el cielo. Parece ser, pues, que estaremos haciendo mucho más que eso cuando lleguemos allí.

"tabernáculo"

Moisés había construido su tabernáculo basado en un plano celestial. Aquí está el original. Imagine la emoción y el ánimo que esto produjo en los creyentes del siglo I.

"cumplido"

La séptima trompeta sonó en 11:15. Desde entonces, todo ha estado fuera de un marco temporal. A partir del capítulo 16 el reloj volverá a hacer tictac.

resplandeciente, y ceñidos alrededor del pecho con cintos de oro. [7] Y uno de los cuatro seres vivientes dio a los siete ángeles siete copas de oro, llenas de la ira de Dios, que vive por los siglos de los siglos. [8] Y el templo se llenó de humo por la gloria de Dios, y por su poder; y **nadie podía entrar** en el templo hasta que se hubiesen **cumplido** las siete plagas de los siete ángeles.

Reflexión para los últimos tiempos

La música es un placer terrenal que Dios dejará que nos llevemos con nosotros al cielo. ¿Ha practicado últimamente alabanzas a Él?

Palabra clave
"templo"

El sustantivo *naos* está relacionado con el verbo *naio*, que significa *morar*. *Naos* se encuentra más a menudo en Apocalipsis que en ningún otro libro del Nuevo Testamento. Este *naos*, no en la tierra sino en el cielo, es el lugar de especial bendición y protección para el pueblo de Dios (3:12; 7:15) y el origen del juicio de los enemigos de Él (11:19; 14:15,17; 15:5-6,8; 16:1,17). El *naos* final no es en absoluto una estructura sino la presencia real del Señor y del Cordero en la nueva Jerusalén.

¿Es de verdad Armagedón?

La mayor parte de las personas cultas desprecian la idea de que Armagedón sea una verdadera profecía acerca del fin del mundo. Poco a poco, esta amenazadora e inquietante palabra que durante años evocó imágenes de horrores inimaginables y espeluznantes, se ha convertido en poco más que una trivial frase hecha. Cuando Theodore Roosevelt llamó "armagedón" a su última batalla política, el mundo comenzó a aceptar la idea de que las imágenes de los tiempos finales de Dios eran poco más que una estratégica amenaza táctica.

Por otro lado, el poco acertado Thomas Brightman identificó a Ginebra, Suiza, como Armagedón, y esperaba un ataque literal de un ejército tanto romano como católico que sería derrotado por las fuerzas de la Reforma.

Como hemos visto, Juan nos da el material suficiente de su visión para asegurarnos que las profecías en este capítulo son ciertas; y ese solo hecho debería satisfacer nuestra curiosidad y fortalecer nuestra fe. Sí, las palabras de Juan describen el fin del mundo en una luz refulgente; sin embargo, a causa del único término que utiliza, *Armagedón*, se nos niega la seguridad del lugar que él tiene en mente. A menudo se interpreta como el monte Meggido (Har-Meggido), pero no es seguro; y esa inseguridad también está bien. Los cristianos no debemos vivir con temor a Armagedón, pero sí debemos vivir con la advertencia que Cristo hace en este capítulo: "Yo vengo como ladrón".

¿Cuán serios debiéramos ser respecto a Armagedón? ¿Deberíamos especular y esperar localizarlo en el calendario o en el planeta? ¿O sería mejor dejarlo a un lado como un práctico sinónimo para una batalla decisiva?

El desafío al estudiar este capítulo es afirmar: "Sí, yo creo que se llevará a cabo una batalla del fin del mundo, cuyo nombre en clave es Armagedón. Creo que será parte del juicio final de Dios. Esto significa que debo vivir mi vida ahora, preparándome no tanto para Armagedón, sino para cuando Cristo regrese a buscarme". Puede que pasemos por más de un turbulento bombardeo, pero podemos descansar en que se cumplirán los propósitos de Dios.

Henry Drummond nos relata acerca de dos pintores a quienes se pidió que ilustrasen el concepto que tenían de la palabra "descanso". El primero escogió una escena de un silencioso y tranquilo lago oculto entre las montañas. El segundo pintó en su lienzo una ruidosa cascada con un frágil abedul inclinándose por encima de la espuma. En la horcadura de una rama, casi al alcance del agua pulverizada, descansaba un petirrojo en su nido. El primer cuadro en realidad representa el estancamiento. Solamente el segundo representa el descanso genuino. Aunque puede que las pesadillas de Apocalipsis se estén acercando aun en nuestros días, podemos vivir como el petirrojo que anida por encima de los rápidos.

Oración

Señor Dios, sé que tus juicios venideros serán verdaderos y justos. Ayúdame a vivir preparado de tal manera que cuando Jesús venga como ladrón, yo no sea como quienes andan "desnudos, y vean su vergüenza".

Capítulo 16

Panorama

La segunda visión de Juan concluye con una gran calamidad, mientras que el tan anunciado choque de Armagedón se convierte en un K.O. en el primer asalto.

¹ Oí una **gran voz** que decía desde el templo a los siete ángeles: Id y derramad sobre la tierra las siete copas de la ira de Dios. ² Fue el primero, y derramó su copa sobre la tierra, y vino una úlcera maligna y pestilente sobre los hombres que tenían la marca de la bestia, y que adoraban su imagen.

³ El segundo ángel derramó su copa sobre el mar, y éste se convirtió en sangre como de muerto; y murió **todo ser vivo** que había en el mar.

⁴ El tercer ángel derramó su copa sobre los ríos, y sobre las fuentes de las aguas, y **se convirtieron en sangre**. ⁵ Y oí al ángel de las aguas, que decía:

Justo eres tú, oh Señor, el que eres y que eras, el Santo,
porque has juzgado estas cosas.
⁶ Por cuanto derramaron la sangre de los santos y de los
profetas,
también tú les has dado a beber sangre; **pues lo merecen**.

⁷ También oí a otro, que desde el altar decía:

Palabras de vida

"gran voz"

Esta no es otra que la vo de Dios, que actúa en solitario y con plena autoridad sobre los asuntos de los hombres.

"todo ser vivo"

Sin vida en el mar, la vida en la tierra no puede durar mucho. Estos juicios ocurren en una rápida sucesión.

"se convirtieron en sangre"

La mayoría de los peligros mencionados, como este, corresponden a las plagas que Dios derramó sobre Egipto, solo que ahora aumentadas hasta proporciones globales.

"pues lo merecen"

Esto es difícil de leer y difícil de cuadrar con una visión de Dios espiritualmente suave, pero es justicia. "Pues lo merecen".

"hecho está"

Dios habla con la misma finalidad y el mismo tiempo verbal que cuando Jesús declaró desde la cruz: "Consumado es".

"tres partes"

Otra manera de decir *ruina absoluta*. Todo ha terminado excepto el llanto por el diablo, la bestia y el falso profeta.

Ciertamente, Señor Dios
Todopoderoso,
tus juicios son verdaderos y justos.

[8]El cuarto ángel derramó su copa sobre el sol, al cual fue dado quemar a los hombres con fuego. [9]Y los hombres se quemaron con el gran calor, y blasfemaron el nombre de Dios, que tiene poder sobre estas plagas, y no se arrepintieron para darle gloria.

[10]El quinto ángel derramó su copa sobre el trono de la bestia; y su reino se cubrió de tinieblas, y mordían de dolor sus lenguas, [11]y blasfemaron contra el Dios del cielo por sus dolores y por sus úlceras, y no se arrepintieron de sus obras.

[12]El sexto ángel derramó su copa sobre el gran río Eufrates; y el agua de éste se secó, para que estuviese preparado el camino a los reyes del oriente. [13]Y vi salir de la boca del dragón, y de la boca de la bestia, y de la boca del falso profeta, tres espíritus inmundos a manera de ranas; [14]pues son espíritus de demonios, que hacen señales, y van a los reyes de la tierra en todo el mundo, para reunirlos a la batalla de aquel gran día del Dios Todopoderoso.

[15]He aquí, yo vengo como ladrón. Bienaventurado el que vela, y guarda sus ropas, para que no ande desnudo, y vean su vergüenza.

[16]Y los reunió en el lugar que en hebreo se llama Armagedón.

[17]El séptimo ángel derramó su copa por el aire; y salió una gran voz del templo del cielo, del trono, diciendo: **Hecho está**. [18]Entonces hubo relámpagos y voces y truenos, y un gran temblor de tierra, un terremoto tan grande, cual no lo hubo jamás desde que los hombres han estado sobre la tierra. [19]Y la gran ciudad fue dividida en **tres partes**, y las ciudades de las naciones cayeron; y la gran Babilonia vino en memoria delante de Dios, para darle el cáliz del vino del ardor de su ira. [20]Y toda isla huyó, y los montes no fueron hallados. [21]Y cayó del cielo sobre los hombres un enorme granizo como del peso de un talento; y los hombres blasfemaron contra Dios por la plaga del granizo; porque su plaga fue sobremanera grande.

Palabra clave
"merecer"

El adjetivo griego *axios* significa *digno* o *merecedor*, y puede usarse tanto en sentido positivo como en negativo. El cuadro que la palabra pinta es el de una balanza en la que un objeto en uno de los lados debe equilibrarse con un objeto en el lado opuesto. Si lo hace, es *digno*. En Apocalipsis, Cristo declara a los redimidos dignos de su recompensa (3:4) y a los malvados dignos de la suya (16:6). Dios es digno de gloria (4:11), y solamente el Cordero es hallado digno de abrir los sellos del libro (5:2,4,9,12).

Reflexión para los últimos tiempos

Usted puede orar, usted puede instar, pero algunas personas nunca se arrepentirán a pesar de lo que ocurra.

El diablo vestido de rojo

S i mi interpretación de la ramera sentada sobre el monstruo de siete cabezas es correcta, entonces en la actualidad estamos viviendo en un período "entre las cabezas". Los cinco grandes imperios que se opusieron al pueblo de Dios a lo largo de la historia ya no existen con la arrolladora extensión que una vez poseyeron: Egipto, Asiria, Babilonia, Persia y el imperio seleúcida (cuyo rey Antíoco Epífanes profanó el templo y prohibió la práctica del judaísmo). La sexta cabeza, el Imperio Romano, la potencia mundial reinante en los tiempos de la visión de Juan, también cayó. Solo la séptima cabeza (el reino del anticristo) está aún por llegar. Estamos entre la era en que la ciudad de Roma fue reina de la civilización mundial y el breve período en que "Babilonia la Grande" reinará.

Sin embargo, la verdad simbolizada por la ramera es tan poderosa ahora como lo fue durante el punto más alto del esplendor de Roma. Las fuerzas de la civilización humana son hostiles a una fe viva en Dios. En su primera Epístola, Juan enseñó la misma verdad de esta manera: "Porque todo lo que hay en el mundo, los deseos de la carne, los deseos de los ojos, y la vanagloria de la vida, no proviene del Padre, sino del mundo. Y el mundo pasa, y sus deseos; pero el que hace la voluntad de Dios permanece para siempre. Hijitos, ya es el último tiempo; y según vosotros oísteis que el anticristo viene, así ahora han surgido muchos anticristos; por esto conocemos que es el último tiempo" (1 Jn. 2:16-18).

Debemos escoger entre la ciudad de Babilonia y la ciudad de Dios. Podemos seguir la corriente y permitirnos estar con la mayor parte de la humanidad, encantados por la gran amante, quien es ayudada por las obras sobrenaturales del gran dragón: Satanás. Ella parece ser realmente adorable, pero la suya es una belleza creada por el mismo infierno.

En *The City of God* [La ciudad de Dios], Agustín advirtió contra este encantamiento: "Pero acaso los que leyesen esto gustarán saber lo que decimos y sentimos acerca de un embeleso y engaño tan grande de los demonios, y lo que deben hacer los cristianos cuando oyen que los ídolos de los gentiles hacen milagros, lo que diremos es que debe huirse de en medio de Babilonia. Este precepto profético debe entenderse espiritualmente, de forma que la ciudad de este sitio, sin duda, es una sociedad de ángeles malos y hombres impíos… Cuanto mayor viésemos que es la potestad de los demonios en estas cosas terrenas, tanto más firmemente debemos estar asidos del Medianero, porque subimos de estas cosas bajas y despreciables a las sumas y necesarias" (Libro XVIII, capítulo 18).

La ramera se ofrece a sí misma a los pueblos de esta época a través de las películas, los medios de comunicación, las páginas de sociedad o los campos de deporte. ¿Usted mantiene distancia o está escuchando, creyendo a medias que ella tiene algo importante que decir?

Oración

Señor, necesito tu ayuda para guardarme de ser desviado por los sutiles y pecaminosos placeres de nuestra cultura. Dame fuerzas para ser tu fiel seguidor; que esté dispuesto a morir con alegría llevando tu nombre.

Capítulo 17

Panorama

La tercera visión de Juan comienza ahora, y pinta los acontecimientos que acaba de describir con una luz aún más desgranada.

¹Vino entonces uno de los siete ángeles que tenían las siete copas, y habló conmigo diciéndome: Ven acá, y **te mostraré** la sentencia contra la gran **ramera**, la que está sentada sobre muchas aguas; ²con la cual han fornicado los reyes de la tierra, y los moradores de la tierra se han embriagado con el vino de su fornicación. ³Y me llevó en el Espíritu al desierto; y vi a una mujer sentada sobre una **bestia escarlata** llena de nombres de blasfemia, que tenía siete cabezas y diez cuernos. ⁴Y la mujer estaba vestida de púrpura y escarlata, y adornada de oro, de piedras preciosas y de perlas, y tenía en la mano un cáliz de oro lleno de **abominaciones** y de la inmundicia de su fornicación; ⁵y en su frente un nombre escrito, un misterio:

> BABILONIA LA GRANDE,
> LA MADRE DE LAS RAMERAS Y DE
> LAS ABOMINACIONES DE LA TIERRA.

⁶Vi a la mujer ebria de la sangre de los santos, y de la sangre de los mártires de Jesús; y cuando la vi, quedé asombrado con gran asombro.

Palabras de vida

"te mostraré"

Los acontecimientos de los siguientes capítulos no se producen después de las primeras visiones; sin embargo, cuentan la misma historia desde un punto de vista diferente.

"ramera"

Representa todo lo que es corrupto en la cultura mundana: la arrogancia, la autonomía, la injusticia y la opresión del pueblo de Dios.

"bestia escarlata"

Descrita igual que la bestia en 13:1: el anticristo, lleva al mundo a hombros del poder puro y el odio impío.

"siete montes"

Las personas que vivían en tiempos de Juan los identificarían como Roma, la ciudad de los siete montes pero sin duda alguna, esa es solo una parte de la interpretación.

"perdición"

A pesar de lo que entendamos de esta desconcertante profecía, una cosa es segura: los días del anticristo están contados.

"aborrecerán a la ramera"

La historia demuestra que las personas corruptas a menudo se vuelven en contra de sus propios aliados, y precipitan tontamente su propia desaparición.

Palabra clave
"abominación"

El sustantivo griego *bdelugma* significa *abominación* o *detestable*. El adjetivo relacionado *bdeluktos* significa *detestable* o *vil*; otro término relacionado, *bdelugmia*, no utilizado en el Nuevo Testamento, significa *náusea* o en sentido figurado *repugnancia*. El verbo correspondiente, *bdelussomai*, significa literalmente *sentir náuseas o tener mal cuerpo*, y figuradamente *aborrecer* o *ser reacio*. En Apocalipsis 17–18, el término *bdelugma* se usa no solo para describir a Babilonia (17:4), sino que en realidad es parte de su nombre (17:5).

⁷Y el ángel me dijo: ¿Por qué te asombras? Yo te diré el misterio de la mujer, y de la bestia que la trae, la cual tiene las siete cabezas y los diez cuernos. ⁸La bestia que has visto, era, y no es; y está para subir del abismo e ir a perdición; y los moradores de la tierra, aquellos cuyos nombres no están escritos desde la fundación del mundo en el libro de la vida, se asombrarán viendo la bestia que era y no es, y será.

⁹Esto, para la mente que tenga sabiduría: Las siete cabezas son **siete montes**, sobre los cuales se sienta la mujer, ¹⁰y son siete reyes. Cinco de ellos han caído; uno es, y el otro aún no ha venido; y cuando venga, es necesario que dure breve tiempo. ¹¹La bestia que era, y no es, es también el octavo; y es de entre los siete, y va a la **perdición**. ¹²Y los diez cuernos que has visto, son diez reyes, que aún no han recibido reino; pero por una hora recibirán autoridad como reyes juntamente con la bestia. ¹³Estos tienen un mismo propósito, y entregarán su poder y su autoridad a la bestia. ¹⁴Pelearán contra el Cordero, y el Cordero los vencerá, porque él es Señor de señores y Rey de reyes; y los que están con él son llamados y elegidos y fieles.

¹⁵Me dijo también: Las aguas que has visto donde la ramera se sienta, son pueblos, muchedumbres, naciones y lenguas. ¹⁶Y los diez cuernos que viste en la bestia, éstos **aborrecerán a la ramera**, y la dejarán desolada y desnuda; y devorarán sus carnes, y la quemarán con fuego; ¹⁷porque Dios ha puesto en sus corazones el ejecutar lo que él quiso: ponerse de acuerdo, y dar su reino a la bestia, hasta que se cumplan las palabras de Dios. ¹⁸Y la mujer que has visto es la gran ciudad que reina sobre los reyes de la tierra.

Reflexión para los últimos tiempos

Los cristianos deben luchar diariamente por sentirse pasmados ante el pecado en lugar de sentirse encantados con él.

Salga, dondequiera que esté

Martín Lutero, el gran reformador, llegó a estar convencido de que el sistema católico romano de su tiempo era la gran ramera de Apocalipsis. Él actuó de acuerdo con sus convicciones y abandonó con valentía el sistema; "salió de ella", argumentando en base a Apocalipsis que el juicio final del catolicismo se acercaba.

Obviamente, eso no ocurrió. Aunque el sistema corrupto de su tiempo pudo haber reflejado el espíritu de Babilonia, ésta es mucho más malvada y perversa que cualquier cosa que el siglo XVI tuviera que ofrecer. Sin embargo, admiramos a Lutero por haber tenido valentía en sus convicciones. Puede que nosotros tampoco vivamos para ver a Babilonia en su forma final y más espantosa pero, al igual que en la época de Lutero, el espíritu de Babilonia continúa prosperando en la actualidad. Nos unimos a los cristianos del primer siglo al leer la exhortación de Juan a "salir de ella" y nos vemos obligados a decidir si obedecemos o no el mandato divino.

Apocalipsis 18 dice claramente que Babilonia puede corromper a las personas de maneras muy diferentes, mostrándose en cosas como:

- seguir un estilo de vida de lujo a costa de la desgracia, la carencia y el sufrimiento humanos

- permitirse el poder por el poder (como los reyes)

- suponer que el éxito en el comercio o el transporte de bienes y emprendimientos parecidos proporciona la verdadera seguridad o la verdadera satisfacción (como los comerciantes y los marinos)

- creer que el éxito definitivo se halla en las artes o en la vida familiar

- permitir que falsos conceptos religiosos se mezclen con la verdadera religión de la Biblia o la sustituyan

Seremos culpables de cometer adulterio con Babilonia en la medida en que tales actitudes o actos hayan entrado en nuestras vidas como cristianos. Estudiar este capítulo debería ponernos sobre aviso en nuestro propio estilo de vida, de las áreas que pudieran reflejar transigencia con el mundo. Cuando decidimos abandonar alguna área en la que, ya sea consciente o inconscientemente, hemos transigido con el sistema mundial corrupto, podemos cobrar aliento al leer las palabras de la enérgica defensa de Martín Lutero en el año 1521 ante la Dieta en la ciudad de Worms: "Su Majestad Imperial y sus Señorías demandan una respuesta sencilla. Aquí está, lisa y llana. A menos que sea condenado por error por el testimonio de las Escrituras… o por un razonamiento manifiesto permanezco condenado por las Escrituras a las cuales he apelado y mi conciencia es llevada cautiva por la palabra de Dios, no puedo, y no lo haré, desmentirme de nada, porque actuar en contra de nuestra conciencia no es ni seguro para nosotros ni nos está permitido. Sobre esto adopto mi actitud. No puedo adoptar ninguna otra. Que Dios me ayude. Amén".

Oración

Señor, te pido que me muestres qué áreas en mi propia vida están arraigadas en "Babilonia" en lugar de estarlo en ti. Y ayúdame a no estar cómodo en compañía de aquellas personas que se entristecerían al verla desaparecer.

Apocalipsis

Capítulo 18

Panorama

Después de años de disfrutar a rienda suelta del pecado y el egoísmo, la poderosa ciudad del hombre sucumbe ante el increíble reinado del juicio de Dios.

[1]Después de esto vi a otro ángel descender del cielo con gran poder; y la tierra fue alumbrada con su gloria. [2]Y clamó con voz potente, diciendo:

Ha caído, ha caído la gran Babilonia,
   y se ha hecho habitación de demonios
y guarida de todo espíritu inmundo,
y albergue de toda ave inmunda y aborrecible.
[3]Porque todas las naciones han bebido
del vino del furor de su fornicación;
y los reyes de la tierra han fornicado con ella,
y los mercaderes de la tierra se han enriquecido de la potencia
   de sus deleites.

[4]Y oí otra voz del cielo, que decía:

Salid de ella, pueblo mío,
   para que no seáis partícipes de sus pecados,
   ni recibáis parte de sus plagas;
[5]porque sus pecados han llegado hasta el cielo,
   y Dios se ha acordado de sus maldades.
[6]Dadle a ella como ella os ha dado,
   y pagadle doble según sus obras;
   en el cáliz en que ella preparó bebida,
   preparadle a ella el doble.
[7]Cuanto ella se ha glorificado y ha vivido en deleites,
   tanto dadle de tormento y llanto;
   porque dice en su corazón: Yo estoy sentada como reina,
   y no soy viuda, y no veré llanto;
[8]por lo cual **en un solo día** vendrán sus plagas;
   muerte, llanto y hambre,
   y será quemada con fuego;
   porque poderoso es Dios el Señor, que la juzga.

⁹Y los reyes de la tierra que han fornicado con ella, y con ella han vivido en deleites, llorarán y harán lamentación sobre ella, cuando vean el humo de su incendio, ¹⁰parándose lejos por el temor de su tormento, diciendo:

> ¡Ay, ay, de la gran ciudad
> de Babilonia, la ciudad fuerte;
> porque en una hora
> vino tu juicio!

¹¹Y los mercaderes de la tierra lloran y hacen lamentación sobre ella, porque ninguno compra más sus **mercaderías**; ¹²mercadería de oro, de plata, de piedras preciosas, de perlas, de lino fino, de púrpura, de seda, de escarlata, de toda madera olorosa, de todo objeto de marfil, de todo objeto de madera preciosa, de cobre, de hierro y de mármol; ¹³y canela, especias aromáticas, incienso, mirra, olíbano, vino, aceite, flor de harina, trigo, bestias, ovejas, caballos y carros, y esclavos, almas de hombres.

> ¹⁴Los frutos codiciados por tu alma se apartaron de ti,
> y todas las cosas exquisitas y espléndidas te han faltado,
> y nunca más las hallarás.

¹⁵Los mercaderes de estas cosas, que se han enriquecido a costa de ella, se pararán lejos por el temor de su tormento, llorando y lamentando, ¹⁶y diciendo:

Palabras de vida

"salid de ella"

Los cristianos del primer siglo en realidad nunca salieron de Roma *en masa*, pero es seguro que abandonaron la forma de vida de la ciudad.

"en un solo día"

Esta frase, o su equivalente próximo, *en una hora*, aparece cuatro veces en este capítulo. Todo ese esfuerzo desapareció de la noche a la mañana.

"mercaderías"

Ropa y automóviles, comestibles y muebles, perfume y beneficios; esas cosas no son exactamente malvadas en sí mismas a menos que su vida esté enredada en ellas.

"marineros"

Al igual que para los demás, su tristeza es por egoísmo; no por Babilonia sino por lo que la pérdida de ésta supone para sus vidas.

"ruido de molino"

Aun el ruido y el triquitraque de la vida cotidiana son preciosos cuando no vuelven a oírse.

"los grandes"

Ellos podrían haber utilizado todo ese conocimiento, esa ingenuidad y sus contactos para bien. En cambio, malgastaron todos los dones de Dios en sí mismos.

¡Ay, ay, de la gran ciudad,
que estaba vestida de lino fino, de
    púrpura y de escarlata,
y estaba adornada de oro, de piedras
    preciosas y de perlas!
[17]Porque en una hora han sido
    consumidas tantas riquezas.

Y todo piloto, y todos los que viajan en naves, y **marineros**, y todos los que trabajan en el mar, se pararon lejos; [18]y viendo el humo de su incendio, dieron voces, diciendo: ¿Qué ciudad era semejante a esta gran ciudad? [19]Y echaron polvo sobre sus cabezas, y dieron voces, llorando y lamentando, diciendo:

Palabra clave
"engañar"

El verbo griego *planao* básicamente significa *vagar*, pero se usaba normalmente de manera negativa con los significados de *desviar* o *desviarse*. La connotación de vagar puede observarse en el sustantivo relacionado *planetes*, que significa *errante*. En Apocalipsis, la iglesia en Tiatira es advertida de una engañosa "Jezabel" (2:20). Los otros siete usos de *planao* se refieren al falso profeta (13:14; 19:20), a Babilonia (18:23) y a Satanás, el archiengañador (12:9; 20:3,8,10).

¡Ay, ay de la gran ciudad,
    en la cual todos los que tenían naves en el mar
    se habían enriquecido de sus riquezas;
    pues en una hora ha sido desolada!
[20]Alégrate sobre ella, cielo, y vosotros, santos, apóstoles y
    profetas;
    porque Dios os ha hecho justicia en ella.

[21]Y un ángel poderoso tomó una piedra, como una gran piedra de molino, y la arrojó en el mar, diciendo:

Con el mismo ímpetu será derribada Babilonia, la gran
    ciudad,
    y nunca más será hallada.
[22]Y voz de arpistas, de músicos, de flautistas y de trompeteros
    no se oirá más en ti;
    y ningún artífice de oficio alguno
    se hallará más en ti,
    ni **ruido de molino**
    se oirá más en ti.
[23]Luz de lámpara no alumbrará más en ti,
    ni voz de esposo y de esposa
    se oirá más en ti;

porque tus mercaderes eran **los grandes** de la tierra;
pues por tus hechicerías fueron **engañadas** todas las naciones.
[24]Y en ella se halló la sangre de los profetas y de los santos,
y de todos los que han sido muertos en la tierra.

Reflexión para los últimos tiempos

*Recuérdese a usted mismo en forma constante
que este mundo no es su hogar.*

Vestido de justicia

APOCALIPSIS 19

En todas las culturas se celebran bodas. Una costumbre casi universal es que la novia se vista con un traje especial, pues debe estar de lo más preciosa el día de su boda. Ya sea china y se ponga un vestido de seda rojo o sea norteamericana y se ponga velo y un traje largo de satén blanco, la novia siempre se esforzará por estar más linda el día de su boda, ya que se prepara para su presentación ante el novio.

Por eso, el retrato que este capítulo hace de las bodas celestiales entre el Cordero-novio y su iglesia-novia incluye la afirmación: "Su esposa se ha preparado". Después se nos dice de inmediato que el traje de bodas de la novia está hecho de "las acciones justas de los santos". Rara vez consideramos que la clase de vida que vivamos para Cristo en el presente afectará la manera en que la novia de Cristo aparecerá el día de su boda.

Por un lado, solamente por la misericordiosa invitación de Dios es que todo ser humano puede formar parte de ese día ("Bienaventurados los que son llamados a la cena de las bodas del Cordero"). En el lenguaje utilizado anteriormente en Apocalipsis: "Estos son los que han salido… y han lavado sus ropas, y las han emblanquecido en la sangre del Cordero" (7:14). Aquí está la salvación por gracia mediante la fe.

Por otro lado, capacitados por el Espíritu de Dios, los cristianos tienen el privilegio de hacer buenas obras que serán recompensadas (1 Cor. 3:12-15). El apóstol Pablo lo afirmó con claridad: "Porque Dios es el que en vosotros produce así el querer como el hacer, por su buena voluntad" (Fil. 2:13).

Elisha Hoffman, autor de canciones de música gospel, captó este sentido de la enseñanza de Apocalipsis con su canción amada por tantas congregaciones cristianas pero injuriada por aquellos que han rechazado las verdades de la Escritura que rodean esas palabras. La primera estrofa enfoca la atención en la gracia de Dios para la conversión y la segunda en nuestra necesidad de prepararnos para el regreso de Cristo viviendo en santidad:

¿Has hallado en Cristo plena salvación
Por la sangre que Cristo vertió?
¿Toda mancha lava de tu corazón?
¿Eres limpio en la sangre eficaz?
¿Vives siempre al lado de tu Salvador
Por la sangre que él derramó?
¿Del pecado eres siempre vencedor?
¿Eres limpio en la sangre eficaz?

Oración

*Señor, gracias por la invitación inmerecida a tomar parte en tu
fiesta de bodas. Prepárame ahora para ese día maravilloso
ayudándome a vivir una vida de fe y obediencia
mientras estoy aquí en la tierra.*

Capítulo 19

¹Después de esto oí una gran voz de gran multitud en el cielo, que decía:

¡Aleluya!
Salvación y honra y gloria y poder son del
    Señor Dios nuestro;
²porque sus juicios son verdaderos y
    justos;
pues ha juzgado a la gran ramera que ha corrompido a la
    tierra con su fornicación, y ha vengado la sangre de sus
    siervos de la mano de ella.

³Otra vez dijeron:

¡Aleluya!
Y el humo de ella sube por los siglos de los siglos.

⁴Y los veinticuatro ancianos y los cuatro seres vivientes se postraron en tierra y adoraron a Dios, que estaba sentado en el trono, y decían:

¡Amén! ¡Aleluya!

⁵Y salió del trono una voz que decía:

Alabad a nuestro Dios
todos sus siervos, y los que le teméis,
así pequeños como grandes.

⁶Y oí como la voz de una gran multitud, como el estruendo de muchas aguas, y como la voz de grandes truenos, que decía:

Aleluya, porque el Señor nuestro Dios Todopoderoso reina!
⁷Gocémonos y alegrémonos y démosle gloria;
porque han llegado las bodas del Cordero,
y su esposa se ha preparado.

Palabra clave
"regir"

El verbo griego *poimaino* básicamente significa *cuidar* o *alimentar ovejas*, *pastorear*, pero se usaba a menudo con el significado más fuerte y figurado de *regir*. Apocalipsis 7:17 implica la metáfora mezclada de que "el Cordero" va a "pastorear" a los redimidos. Los otros tres usos de *poimaino* en Apocalipsis (2:27; 12:5; 19:15) contienen una alusión al Salmo 2:9, el cual afirma que el ungido del Señor pastoreará o regirá a las naciones "con vara de hierro".

⁸Y a ella se le ha concedido que se vista de lino fino, limpio y resplandeciente;

porque el lino fino es las acciones justas de los santos.

⁹Y el ángel me dijo: Escribe: Bienaventurados los que son llamados a la cena de las bodas del Cordero. Y me dijo: Estas son palabras verdaderas de Dios. ¹⁰Yo me postré a sus pies para adorarle. Y él me dijo: Mira, no lo hagas; yo soy consiervo tuyo, y de tus hermanos que retienen el testimonio de Jesús. Adora a Dios; porque el testimonio de Jesús es el espíritu de la profecía.

¹¹Entonces vi el cielo abierto; y he aquí un caballo blanco, y el que lo montaba se llamaba Fiel y Verdadero, y con justicia juzga y pelea. ¹²Sus ojos eran como llama de fuego, y había en su cabeza **muchas diademas**; y tenía un nombre escrito que **ninguno conocía** sino él mismo. ¹³Estaba vestido de una ropa **teñida en sangre**; y su nombre es: EL VERBO DE DIOS. ¹⁴Y los **ejércitos** celestiales, vestidos de lino finísimo, blanco y limpio, le seguían en caballos blancos. ¹⁵De su boca sale una espada aguda, para herir con ella a las naciones, y él las **regirá** con vara de hierro; y él pisa el lagar del vino del furor y de la ira del Dios Todopoderoso. ¹⁶Y en su vestidura y en su muslo tiene escrito este nombre:

Palabras de vida

"muchas diademas"
El dragón había llevado siete y el anticristo diez. El Rey verdadero llega llevando más diademas que todos ellos juntos.

"teñida en sangre"
Podría ser la sangre de Cristo mismo o quizá la sangre de sus enemigos, la cosecha del lagar del capítulo 14 (ver también Isa. 63:2-4).

"cena de Dios"
Es probable que este sangriento cuadro esté describiendo el mismo acontecimiento que el lagar (14:20) y el juicio de la séptima copa (16:17-21).

"ninguno conocía"
¿Pudiera ser que haya aspectos tan infinitos del carácter de Cristo que aun en nuestro estado glorificado seamos incapaces de comprender?

"ejércitos"
Con Jesús al mando, sus tropas son meros observadores y no participantes. Sus ropas blancas demuestran que Cristo los ha conquistado a todos para sí.

"lanzados vivos"
La bestia y su profeta son los primeros en ser zambullidos en el lago de fuego, porque aquellos que dirigen a otros a cometer pecado tienen una mayor responsabilidad.

> ## REY DE REYES
> ## Y SEÑOR DE SEÑORES.

[17]Y vi a un ángel que estaba en pie en el sol, y clamó a gran voz, diciendo a todas las aves que vuelan en medio del cielo: Venid, y congregaos a la gran **cena de Dios**, [18] para que comáis carnes de reyes y de capitanes, y carnes de fuertes, carnes de caballos y de sus jinetes, y carnes de todos, libres y esclavos, pequeños y grandes.

[19]Y vi a la bestia, a los reyes de la tierra y a sus ejércitos, reunidos para guerrear contra el que montaba el caballo, y contra su ejército. [20]Y la bestia fue apresada, y con ella el falso profeta que había hecho delante de ella las señales con las cuales había engañado a los que recibieron la marca de la bestia, y habían adorado su imagen. Estos dos fueron **lanzados vivos** dentro de un lago de fuego que arde con azufre. [21]Y los demás fueron muertos con la espada que salía de la boca del que montaba el caballo, y todas las aves se saciaron de las carnes de ellos.

Reflexión para los últimos tiempos

*Todo acto de fe y de obediencia le da a sus
ropas celestiales un brillo añadido.*

El día del juicio final

E n la Europa medieval, los poderosos dirigentes de la Iglesia enseñaban a la gente común y corriente que la vida era un peregrinaje temporal, un tiempo de preparación para el estado de eternidad. Todo el mundo comprendía que llegaría el día en que comparecerían ante Dios el día del juicio final para enfrentarse con su sentencia.

El pintor más grande que plasmó el día del juicio final fue Miguel Ángel. Muchos creen que su impresionante fresco (pintado entre 1536 y 1541 para el papa Pablo III) de la Capilla Sixtina, junto con los frescos aún más famosos de los techos de la capilla, es la obra de arte más importante producida durante el Renacimiento. Yo mismo he estado frente a él en silencio, impresionado por su poderoso recordatorio de que algún día yo también me enfrentaré con un juicio eterno.

Apocalipsis 20 es una obra de arte similar, literaria más que artística. Y a pesar de las dificultades para interpretar partes del capítulo, el tema central es abrumador. No habremos entendido el capítulo si nos alejamos de él sin sentirnos conmovidos. También debemos arrodillarnos ante él en silencio.

Tristemente, sin embargo, muchas personas de la actualidad no viven con ese tipo de convicción, con la conciencia de que deben vivir cada día preparándose constantemente para el juicio. Sería difícil pensar en un pintor contemporáneo que realice una gran obra de arte sobre el día del juicio venidero y que sea tomado en serio por la comunidad artística del mundo.

En el año 1834 un joven inglés llamado Edward Mote escribió un poema que tituló "La experiencia de gracia de un cristiano". Una de las estrofas incluye las siguientes palabras:

Confío en su carácter justo,
Su consejo, su promesa y su poder;
Su honor y su nombre están en juego,
Para salvarme del lago del fuego.

Después de que el músico norteamericano William Bradbury escribiera una melodía para esos versos en 1863, se convirtió en uno de los cantos gospel más apreciados con el título de "La roca firme". La última estrofa de Mote expresa el deseo del corazón de los cristianos de todo el mundo cuando se dan cuenta de la seriedad del día del juicio final:

Cuando Él venga al sonido de trompeta,
Oh, que me encuentre con Él en ese día;
Vestido solo con su justicia,
Para delante del trono aquel día sin mancha estar.

Oración

Señor, reconozco que un día estaré delante de ti como mi Juez.
Que viva esperando con gran ilusión ese día glorioso, sabiendo
que mi fe habrá encontrado un lugar de descanso.

Capítulo 20

Panorama

Los mártires reciben su rica recompensa, el diablo obtiene la suya, y los muertos resucitan para encontrarse con el Juez justo.

¹**Vi** a un ángel que descendía del cielo, con la llave del abismo, y una gran cadena en la mano. ²Y prendió al dragón, la serpiente antigua, que es el diablo y Satanás, y lo ató por mil años; ³y lo arrojó al abismo, y lo encerró, y puso su sello sobre él, para que no engañase más a las naciones, hasta que fuesen cumplidos mil años; y después de esto debe ser desatado por un **poco de tiempo.**

⁴Y vi tronos, y se sentaron sobre ellos los que recibieron facultad de juzgar; y vi las almas de los decapitados por causa del testimonio de Jesús y por la palabra de Dios, los que no habían adorado a la bestia ni a su imagen, y que no recibieron la marca en sus frentes ni en sus manos; y vivieron y reinaron con Cristo mil años. ⁵Pero los otros muertos no volvieron a vivir hasta que se cumplieron mil años. Esta es la primera resurrección. ⁶Bienaventurado y santo el que tiene parte en la primera resurrección; la segunda muerte no tiene potestad sobre éstos, sino que serán sacerdotes de Dios y de Cristo, y reinarán con él mil años.

⁷Cuando los mil años se cumplan, Satanás será suelto de su prisión, ⁸y saldrá a **engañar a las naciones** que están en los cuatro ángulos de la

Palabras de vida

"vi"

Un breve interludio ocupa los primeros diez versículos (como en los capítulos 7 y 10), realzando el suspenso antes de que llegue el día del juicio final.

"poco de tiempo"

Cualquiera que sea el significado de este pasaje, ciertamente confirma que aunque el diablo puede amenazar con muchos problemas, Dios no está amenazado por él.

"engañar a las naciones"

Dondequiera que esté el diablo, siempre hallará a alguien a quien pueda engañar para que haga lo que él dice.

"descendió fuego"

La batalla final entre Dios y Satanás resulta no ser una batalla sino un gran despliegue hasta la culminación, sin esperanza para el diablo y sus seguidores.

"gran trono blanco"

Jesús había predicho que Él estaría aquí, separando "las ovejas de los cabritos", otorgando recompensas y castigos eternos (Mat. 25:32).

"sus obras"

Un día todas nuestras obras saldrán a la luz, aun las de los redimidos. Los cristianos salvos por fe deben vivir en santidad.

tierra, a Gog y a Magog, a fin de reunirlos para la batalla; el número de los cuales es como la arena del mar. [9]Y subieron sobre la anchura de la tierra, y rodearon el campamento de los santos y la ciudad amada; y de Dios **descendió fuego** del cielo, y los consumió. [10]Y el diablo que los engañaba fue lanzado en el lago de fuego y azufre, donde estaban la bestia y el falso profeta; y serán atormentados día y noche por los siglos de los siglos.

[11]Y vi un **gran trono blanco** y al que estaba sentado en él, de delante del cual huyeron la tierra y el cielo, y ningún lugar se encontró para ellos. [12]Y vi a los muertos, grandes y pequeños, de pie ante Dios; y los libros fueron abiertos, y otro libro fue abierto, el cual es el libro de la vida; y fueron juzgados los muertos por las cosas que estaban escritas en los libros, según **sus obras**.

[13]Y el mar entregó los muertos que había en él; y la muerte y el Hades entregaron los muertos que había en ellos; y fueron juzgados cada uno según sus obras. [14]Y la muerte y el **Hades** fueron lanzados al lago de fuego. Esta es la muerte segunda. [15]Y el que no se halló inscrito en el libro de la vida fue lanzado al lago de fuego.

Palabra clave
"Hades"

El sustantivo griego *hades* está formado por una raíz que significa ver y una partícula que lo niega. De esta manera, el término significa literalmente *aquello que no se ve*, y básicamente se refiere al mundo más bajo, el lugar donde el espíritu de una persona va después de la muerte. En Apocalipsis, Hades siempre va precedido de la muerte (1:18; 6:8), ambos vencidos en el regreso de Cristo (20:13-14). Después de la resurrección y el juicio final, no habrá más muerte (21:4) y ya no habrá necesidad de una morada para los muertos.

Reflexión para los últimos tiempos

¿Cómo cambian sus planes para hoy al saber que su futuro contiene un gran reflector blanco?

Medianoche brillante

Con todas sus espléndidas construcciones (templo y palacio), la Jerusalén de Salomón era, de día, una ciudad reluciente sobre un monte. En la noche, sin embargo, ni siquiera la gloriosa Jerusalén podía evitar la desagradable intrusión de la oscuridad. Solamente el tenue parpadeo de las lámparas de aceite iluminaba los interiores, mientras que unas cuantas antorchas dispersas batallaban en el exterior contra la noche. Antes de la moderna invención de la luz eléctrica (o de gas), aun la mejor de las ciudades podía llegar a ser terrorífica en la noche.

Puede verse, pues, cómo la promesa de Apocalipsis 21 que: "no tiene necesidad de sol ni de luna" habrá causado un impacto mucho más profundo en los lectores originales del tiempo de Juan que en los de la actualidad.

No obstante, si usted piensa en la "noche" como símbolo de la oscuridad que el pecado y la maldad han traído a su propia experiencia, podrá comenzar a sentir la urgente esperanza que ellos sintieron de que la luz de Dios dispersara la oscuridad de sus vidas. Quizá en este momento usted esté cargado por una relación rota, una enfermedad aterradora, un hábito terrible o algún acto realizado por usted o hacia usted que solo pueda describirse con los oscuros y deprimentes colores y emociones de la noche. Este capítulo es un maravilloso recordatorio de que la bondad y la grandeza de Dios conquistarán todo aquello que oscurezca nuestro mundo, porque tan cierto como que el sol sale por el este, "no tiene necesidad de sol ni de luna".

Un predicador ciego llamado George Matheson comprendió esta idea de manera más profunda de lo que todos nosotros podemos comprender. Al reflexionar en la llegada de la luz eterna, él escribió las siguientes palabras que forman parte de su gran poema "¡Oh! Amor que no me dejarás".

¡Oh! luz que en mi sendero vas,
Mi antorcha débil rindo a ti;
Su luz devuelve el corazón,

Seguro de encontrar en ti
Más bello resplandor.

¡Oh! gozo que a buscarme a mí
Viniste con mortal dolor,
Tras la tormenta el arco vi,
Y la mañana, yo lo sé,
Sin más dolor será.

Oración

*Señor, gracias porque en el cielo estaré contigo para siempre, tú
desterrarás todo pecado y toda maldad, y allí no existirá la
noche. Ayúdame a vivir hoy con esta imagen de la dicha
venidera que siempre estará ante mí.*

Capítulo 21

Panorama

La tercera visión de Juan termina mientras examina la ciudad celestial, antes de que su revelación final (que comienza en el v. 9) lo lleve por el grandioso recorrido turístico.

¹Vi un cielo nuevo y una tierra nueva; porque el primer cielo y la primera tierra pasaron, y el mar ya no existía más. ²Y yo Juan vi la **santa ciudad**, la nueva Jerusalén, descender del cielo, de Dios, dispuesta como una esposa ataviada para su marido.

³Y oí una gran voz del cielo que decía:

He aquí el tabernáculo de Dios con los hombres,
y él morará con ellos;
y ellos serán su pueblo,
y Dios mismo estará con ellos como su Dios.
⁴Enjugará Dios toda lágrima de los ojos de ellos;
y ya no habrá muerte,
ni habrá más llanto, ni clamor, ni dolor;
porque las primeras cosas pasaron.

⁵Y el que estaba sentado en el trono dijo: He aquí, yo hago **nuevas todas las cosas**. Y me dijo: Escribe; porque estas palabras son fieles y verdaderas. ⁶Y me dijo: Hecho está. Yo soy el **Alfa** y la Omega, el principio y el fin. Al que tuviere sed, yo le daré gratuitamente de la fuente

Palabras de vida

"santa ciudad"

Es exactamente contraria a la malvada ciudad de Babilonia; la diferencia entre la destrucción inevitable y el gozo sin fin.

"nuevas todas las cosas"

¿Se ha preguntado alguna vez cómo era la tierra antes de la caída? Aquí tenemos una tierra totalmente nueva, esta vez con una garantía de vida eterna.

"doce mil estadios"

Es un símbolo de "enorme", pero una medida literal le daría una anchura de 2.250 km (1.400 millas), aproximadamente la distancia que hay desde Dallas hasta Los Ángeles.

"iguales"

La ciudad es igual de alta que de ancha, e igual de ancha que de profunda, un cubo perfecto, exactamente de la misma forma del Lugar Santísimo del Antiguo Testamento.

"templo"

Lo único que el templo siempre debía ser era un lugar para experimentar la presencia de Dios. En el cielo, literalmente es la presencia de Dios.

"honra de las naciones"

No todos los logros humanos fueron egoístas y malvados. Los inspirados por Dios y dedicados a Él continuarán bendiciéndolo en la eternidad.

del agua de la vida. ⁷El que venciere heredará todas las cosas, y yo seré su Dios, y él será mi hijo. ⁸Pero los cobardes e incrédulos, los abominables y homicidas, los fornicarios y hechiceros, los idólatras y todos los mentirosos tendrán su parte en el lago que arde con fuego y azufre, que es la muerte segunda.

⁹Vino entonces a mí uno de los siete ángeles que tenían las siete copas llenas de las siete plagas postreras, y habló conmigo, diciendo: Ven acá, yo te mostraré la desposada, la esposa del Cordero. ¹⁰Y me llevó en el Espíritu a un monte grande y alto, y me mostró la gran ciudad santa de Jerusalén, que descendía del cielo, de Dios, ¹¹teniendo la gloria de Dios. Y su fulgor era semejante al de una piedra preciosísima, como piedra de jaspe, diáfana como el cristal. ¹²Tenía un muro grande y alto con doce puertas; y en las puertas, doce ángeles, y nombres inscritos, que son los de las doce tribus de los hijos de Israel; ¹³al oriente tres puertas; al norte tres puertas; al sur tres puertas; al occidente tres puertas. ¹⁴Y el muro de la ciudad tenía doce cimientos, y sobre ellos los doce nombres de los doce apóstoles del Cordero.

¹⁵El que hablaba conmigo tenía una caña de medir, de oro, para medir la ciudad, sus puertas y su muro. ¹⁶La ciudad se halla establecida en cuadro, y su longitud es igual a su anchura; y él midió la ciudad con la caña, **doce mil estadios**; la longitud, la altura y la anchura de ella son **iguales**. ¹⁷Y midió su muro, ciento cuarenta y cuatro codos, de medida de hombre, la cual es de ángel. ¹⁸El material de su muro era de jaspe; pero la ciudad era de oro puro, semejante al vidrio limpio;

¹⁹y los cimientos del muro de la ciudad estaban adornados con toda piedra preciosa.

El primer cimiento era jaspe;
el segundo, zafiro;
el tercero, ágata;
el cuarto, esmeralda;
²⁰el quinto, ónice;
el sexto, cornalina;
el séptimo, crisólito;

Palabra clave
"Alfa"

La palabra *alfa* es la primera letra del alfabeto griego y aparece tres veces en Apocalipsis, emparejada con la última letra del alfabeto como título para la deidad: "el Alfa y la Omega". Otras frases que aparecen junto con ella interpretan su significado: "el que es y que era y que ha de venir" (1:8), "el principio y el fin" (21:6), "el primero y el último" (22:13). Jesús y el Padre son Dios, con el poder de comenzar y de terminar todas las cosas.

el octavo, berilo;
el noveno, topacio;
el décimo, crisopraso;
el undécimo, jacinto;
el duodécimo, amatista.

[21] Las doce puertas eran doce perlas; cada una de las puertas era una perla. Y la calle de la ciudad era de oro puro, transparente como vidrio.

[22] Y no vi en ella **templo**; porque el Señor Dios Todopoderoso es el templo de ella, y el Cordero. [23] La ciudad no tiene necesidad de sol ni de luna que brillen en ella; porque la gloria de Dios la ilumina, y el Cordero es su lumbrera. [24] Y las naciones que hubieren sido salvas andarán a la luz de ella; y los reyes de la tierra traerán su gloria y honor a ella. [25] Sus puertas nunca serán cerradas de día, pues allí no habrá noche. [26] Y llevarán la gloria y la **honra de las naciones** a ella. [27] No entrará en ella ninguna cosa inmunda, o que hace abominación y mentira, sino solamente los que están inscritos en el libro de la vida del Cordero.

Reflexión para los últimos tiempos

A veces pareciera que "problema" es su segundo nombre, pero un día – algún día— todos sus problemas terminarán.

Ropas tan blancas que resplandecen

APOCALIPSIS 22

S in duda, lavar la ropa es una de las tareas domésticas menos preferidas. Yo nunca he conocido a nadie que lo haga por mero disfrute. La gente que se dedica a lavar ropa lo hace o bien por necesidad o bien para ganar dinero. Sin embargo, tanto en el mundo antiguo como en nuestra sociedad de alta tecnología, nadie puede escapar al llamado de la ropa para lavar. La ropa sucia no desaparece si dejamos de prestarle atención.

Apocalipsis a menudo presenta la imagen de la ropa, desde las gloriosas prendas del Cristo resucitado en el capítulo 1 hasta las llamativas prendas de la ramera en el capítulo 17. Sin embargo, 7:14 y 22:14 son los dos únicos que toman palabras prestadas del lenguaje de la lavandería. Hablan de dos tipos diferentes de lavado, mejor conocidos en el mundo antiguo que en el de nuestros días. El primer versículo se refiere a un único e importante lavado. En el mundo antiguo, un manto muy sucio podría llevarse a un río, frotarse con jabón de lejía y restregarse contra las piedras para sacar toda la suciedad y las manchas. (Lavar la ropa era una tarea de todo un día para las mujeres de todo el mundo hasta la invención de la lavadora eléctrica). Esta es toda una imagen de la conversión del pecador. Las personas manchadas por el pecado pueden tener sus mantos totalmente limpios al ser lavados en la sangre del Cordero (7:14).

Sin embargo, Apocalipsis 22:14 pronuncia una bendición especial sobre otro tipo de lavado. No se trata del lavado de la conversión sino del "lavado de manchas" diario necesario para mantener un manto limpio de esa manera. Imagine un manto blanco como la nieve que alguien hubiera llevado para caminar por las calles. Puede que un automóvil conducido por una persona descuidada lanzara una pequeña salpicadura de lodo. Quizá fuese una mancha de comida derramada en la parte delantera. En esos casos, en lugar de llevar el manto al río, las manchas se quitaban en casa día a día.

Esa es la manera en que ocurre en nuestra vida espiritual. La primera pregunta es: ¿Han sido nuestras ropas lavadas en la sangre del Cordero? ¿Hemos acudido a Cristo por salvación? Si la respuesta es sí, entonces el capítulo 22 nos confronta con una segunda pregunta: ¿Seguimos acudiendo al Cordero para que Él quite las pequeñas manchas de nuestras ropas? ¿Acudimos a Cristo diariamente en arrepentimiento por los pecados que cometemos a causa del mundo, la carne y el diablo?

Según el testimonio de 22:14, solo aquellos que siguen acudiendo regularmente al Cordero para "lavar sus ropas" demuestran que le pertenecen a Él y, por tanto, "tienen derecho al árbol de la vida". El desafío final de Apocalipsis es entonces que evaluemos con seriedad nuestras vidas diarias para valorar la autenticidad de nuestra original profesión de fe en Cristo a la luz de nuestra continua comunión con Él.

Oración

¡Maranata! Ven, Señor Jesús.

Capítulo 22

Panorama

La certeza del glorioso regreso de Cristo se establece para siempre. Apocalipsis concluye con palabras que valen su peso en esperanza.

¹Después me mostró un río limpio de agua de vida, resplandeciente como cristal, que salía del trono de Dios y del Cordero. ²En medio de la calle de la ciudad, y a uno y otro lado del río, estaba el árbol de la vida, que produce doce frutos, dando cada mes su fruto; y las hojas del árbol eran para la **sanidad de las naciones**. ³Y no habrá más **maldición**; y el **trono de Dios** y del Cordero estará en ella, y sus siervos **le servirán**, ⁴y verán su rostro, y su nombre estará en sus **frentes**. ⁵No habrá allí más noche; y no tienen necesidad de luz de lámpara, ni de luz del sol, porque Dios el Señor los iluminará; y reinarán por los siglos de los siglos.

⁶Y me dijo: Estas palabras son fieles y verdaderas. Y el Señor, el Dios de los espíritus de los profetas, ha enviado su ángel, para mostrar a sus siervos las cosas que deben suceder pronto.

⁷¡He aquí, vengo pronto! Bienaventurado el que guarda las palabras de la profecía de este libro.

⁸Yo Juan soy el que oyó y vio estas cosas. Y después que las hube oído y visto, me postré para adorar a los pies del ángel que me mostraba estas cosas. ⁹Pero él me dijo: Mira, no lo hagas; porque yo soy consiervo tuyo, de tus hermanos los profetas, y de los que guardan las

Palabras de vida

"sanidad de las naciones"

Ya que no se necesita la sanidad en el cielo, esto puede significar simplemente que todos disfrutaremos de la bendición de una salud completa de manos de Dios.

"maldición"

La última de las siete cosas eliminadas para siempre: el mar, la muerte, el lamento, el llanto, el dolor, la oscuridad, y ahora ésta. La bendición total ocupa su lugar.

"trono de Dios"

El jardín del Edén tenía su propio árbol y su propio río, pero la presencia añadida del trono de Dios lo convierte en el paraíso final.

"le servirán"

Nuestro hogar eterno será un lugar de movimiento permanente: la oportunidad de servir a Dios con toda nuestra energía y pasión, sin el menor indicio de pecado.

"yo Jesús"

Cristo ha dejado que los ángeles sean quienes hablen por Él, pero tres veces en este capítulo sella su promesa personalmente.

"yo testifico"

Juan ya sabía que lo que estaba escribiendo era la Escritura. Sus palabras de despedida son claras: ustedes pueden llevar este libro directamente al banco.

Palabra clave
"frente"

El sustantivo griego *metopon* significa literalmente *entre los ojos*, y es la palabra utilizada para *frente*. La palabra aparece solamente en Apocalipsis, y en cada caso está a la vista una marca o sello en la frente. El nombre de la mujer sobre la bestia escarlata está escrito en su frente (17:5). La marca de la bestia se recibe en la mano derecha o en la frente (13:16; 14:9, 20:4). Y Dios reclama la posesión de sus siervos sellando sus frentes con el nombre de Él (7:3; 9:4; 14:1; 22:4).

palabras de este libro. Adora a Dios. [10]Y me dijo: No selles las palabras de la profecía de este libro, porque el tiempo está cerca. [11]El que es injusto, sea injusto todavía; y el que es inmundo, sea inmundo todavía; y el que es justo, practique la justicia todavía; y el que es santo, santifíquese todavía.

[12]He aquí yo vengo pronto, y mi galardón conmigo, para recompensar a cada uno según sea su obra. [13]Yo soy el Alfa y la Omega, el principio y el fin, el primero y el último.

[14]Bienaventurados los que lavan sus ropas, para tener derecho al árbol de la vida, y para entrar por las puertas en la ciudad. [15]Mas los perros estarán fuera, y los hechiceros, los fornicarios, los homicidas, los idólatras, y todo aquel que ama y hace mentira.

[16]**Yo Jesús** he enviado mi ángel para daros testimonio de estas cosas en las iglesias. Yo soy la raíz y el linaje de David, la estrella resplandeciente de la mañana.

[17]Y el Espíritu y la Esposa dicen: Ven. Y el que oye, diga: Ven. Y el que tiene sed, venga; y el que quiera, tome del agua de la vida gratuitamente.

[18]**Yo testifico** a todo aquel que oye las palabras de la profecía de este libro: Si alguno añadiere a estas cosas, Dios traerá sobre él las plagas que están escritas en este libro. [19]Y si alguno quitare de las palabras del libro de esta profecía, Dios quitará su parte del libro de la vida, y de la santa ciudad y de las cosas que están escritas en este libro.

[20]El que da testimonio de estas cosas dice: Ciertamente vengo en breve.

Amén; sí, ven, Señor Jesús.

[21]La gracia de nuestro Señor Jesucristo sea con todos vosotros. Amén.

Reflexión para los últimos tiempos

Sí, Él viene pronto. ¿Está usted viviendo con la mirada puesta en el fin?